KB110139

전직 지원

일보다 사람이 먼저다

전직지원 일보다 사람이 먼저다

발행일   2023년 5월 12일

지은이   오영훈
펴낸이   손형국
펴낸곳   (주)북랩
편집인   선일영   편집   정두철, 배진용, 윤용민, 김부경, 김다빈
디자인   이현수, 김민하, 김영주, 안유경   제작   박기성, 황동현, 구성우, 배상진
마케팅   김회란, 박진관
출판등록 2004. 12. 1(제2012-000051호)
주소   서울특별시 금천구 가산디지털 1로 168, 우림라이온스밸리 B동 B113~114호, C동 B101호
홈페이지 www.book.co.kr
전화번호 (02)2026-5777   팩스   (02)3159-9637

ISBN   979-11-6836-873-6 03320 (종이책)   979-11-6836-874-3 05320 (전자책)

전직지원

일보다 사람이 먼저다

오영훈 지음

 북랩

작가의 말

　요즈음 전직지원에 대한 세간의 관심이 뜨겁습니다. 2020년도 재취업지원서비스 의무화("고용상 연령차별금지 및 고령자고용촉진에 관한 법률"에 따라 1,000인 이상의 근로자를 고용한 기업은 50세 이상 퇴직예정자에게 진로 설계, 취업 알선 등 재취업지원서비스를 제공해야 하는 제도)가 시행된 후 전직지원서비스 업체가 이 곳 저 곳에서 오픈하고 있습니다. 이에 따라 전직지원전문가 양성을 위한 교육이 시행되면서 전직지원을 직업으로 고려하는 사람들도 점차 늘어나는 추세입니다.

　2003년 DBM Korea에서 전직지원컨설턴트로 활동하면서 처음 업계에 발을 들어놓은 필자는 초기 제대군인 전직지원상담, 금융기관 퇴직자 전직지원상담을 경험하면서 동시에 2003년 미국경력개발협회 인증과정인 CDA(Career Development Advisor)과정을 일본에서 이수하였으며 2008년에는 일본 생산성본부 커리어

컨설턴트 과정까지 이수한 바 있습니다.

전직지원업계의 1세대 격인 필자로서 우리나라에 올바른 전직지원서비스가 정착되는 데에 일조하는 것이 제 본연의 역할이 아닌가 생각되어 블로그에 연재해 왔던 전직지원 이야기를 보완·보강하여 이번에 책으로 출판하게 되었습니다.

필자가 커리어카운슬러로서 많은 전직자들을 만나 상담을 하면서 느낀 점은 전직지원상담은 난이도가 높은 상담이라는 것입니다. 일단 퇴직을 하게 되면 생계유지를 위해서 가능한 한 빨리 직장을 갖고 싶어 하지만 오랫동안 근무해온 회사를 그만두면서 생기는 많은 상념으로 인해 쉽사리 마음을 정리해서 구직활동에 전념하기가 어렵습니다. 자신의 내면적인 세계와 부딪쳐가면서 한쪽에서는 이력서를 쓰고 면접이나 창업을 준비해야 합니다. 또 막상 나와서 사회와 부딪혀 보면 연장자에 대한 편견이나 장벽을 실감하면서 자신감을 상실하거나 자신의 미래가 막막하게 여겨지기도 합니다. 이처럼 전직은 심리적인 영향이 무척이나 큰 인생의 전환기입니다.

그런데 최근의 전직지원은 이런 면에 대해 충분히 고려하고 있는지 우려스럽습니다. 자칫하면 심리적 변화를 겪고 있는 인간이 경시되기 쉽기 때문입니다. 전직지원상담은 커리어 상담의 가장 대표적인 상담 중 하나입니다. 1세기 이전에 미국에서 상담의 기원으로 시작된 커리어 상담은 진화와 발전을 거듭하면서 한 치 앞을 내다볼 수 없는 시대를 살아가는 우리들에게 나다운 일과 삶의 해법을 찾는데 필요한 귀중한 메시지를 주고 있습니다.

이 책은 먼저 전직지원, 전적지원전문가와 역량에 대해서 설명하고 마지막으로 전직지원 이야기를 소개하는 순으로 전개하였습니다. 아무쪼록 이 책이 전직지원에 관심을 갖고 있는 분들에게 조금이나마 도움이 되었으면 하는 마음입니다.

개포동에서

오영훈

▶ Contents

작가의 말   5

프롤로그   New Passage새로운 항로의 발견   11

Ⅰ. 전직지원이란?   17

1. 이직 vs 전직, 전직 vs 재취업   19

2. 전직지원의 기원   26

3. 커리어가 뭐예요?   31

4. 전직지원이 교육이라고?   36

5. 전직지원서비스업이 수주산업이다?   46

6. 전직지원서비스업은 마음관리 산업이다   51

II. 전직지원전문가와 역량   61

1. 전직지원전문가는 Career Transition Expert이다   63
2. 전직지원전문가의 역량 (1) 상담이 핵심역량   72
3. 전직지원전문가의 역량 (2) 전직지원상담은 커리어 상담이다   78
4. 전직지원전문가의 역량 (3) 인간에 대한 서비스   91
5. 전직지원전문가의 역량 (4) Assessment is a Process Not Decision   104
6. 전직지원전문가의 역할   111
7. 생애설계에 대해 생각해 본다   118
8. 신시대의 커리어 모델 〈프로티언 커리어〉   127

III. 전직지원 이야기   139

1. 퇴직이 두려울 때 사오정 vs '45세 정년제'   141
2. 단독자가 되어라   155
3. 커리어 상담에 대한 단상斷想   160
4. 중장년을 위한 전직지원 상담   167
5. 진단부터 하라고?   174
6. 좌충우돌 전직수기 인생은 편도열차   185

에필로그 이른 여름의 80시간의 궤적   195

프롤로그

New Passage새로운 항로의 발견

"개인의 인생과 마주하는 것이 비현실적이라고?"

필자가 잘 아는 지인들과 식사자리를 가졌을 때의 일입니다. 모처럼 마음 편하게 이야기를 나눌 수 있는 자리였는데 마침 지인 중에 한 사람이 필자와 연관되는 분야에 종사하고 있어서 자연스레 이야기가 중장년들에 대한 전직지원으로 화제를 옮기게 되었습니다. 필자의 경험담이라고 전제한 후 "전직이라는 전환기에 있는 사람은 대개 시야가 터널시야처럼 좁아져 당장 눈앞에 놓인 현실에 의한 의사결정을 하는 경향이 있으므로, 단순히 직업을 소개해주고 지원해주는 일을 하기 이전에 심리적인 서포트와 함께 어떤 인생을 살아갈 것인가, 그리고 무엇을 목표로 하여 살아갈 것인가 하는 것을 그 사람만의 삶의 패턴 속에서 찾는 노력을 하는 것이 중요하다"고 하였습니다. 즉 단순히 직업을 찾는 것에 그치지 않고 자신의 사회적 정체성이나 자기다움을 잃지 않으면서 어떻게 전직을 잘 할 수 있을까 하는, 누구나 직업 생활을 하면서 갖게 되는 고민을 해결하는 것이 중요하다는 의미로 이야기한 것입니다.

그러자 당장에 생계유지가 필요한 사람은 일자리 알선이 시급한 것이 아니냐 하는 반론이 나오면서 여유있는 사람들에게나 해당되는 이야기라는 반응이 나왔습니다. 물론 내담자가 어떤 니즈를 가지고 있는지, 그 단계에 따라 서포트가 다르고 개개인의 현금흐름이나 재무상태에 따라 다를 수는 있지만 그렇다고 해서 이를 등한시해도 된다는 것은 아니라고 답변했습니다. 실업급여를 받는 사람이라고 해서 넉넉한 연금을 받는 사람의 인생에 비해 소홀히 다루어질 수는 없는 일이며 그럴 경우 전직에 성공해도 만족하지 못하거나 그만두는 경우가 적지 않다고도 했습니다. 그랬더니 의외로 아주 강하게 "너무 비현실적이다"라는 식의 반응을 보이더군요. 당장 직업을 선택해야 가정을 꾸려갈 수 있는데 그 사람의 정체성이니 인생이니 하는 추상적이고 인문학적인 접근은 지나치게 이상적인 레토릭에 불과하다고 목소리를 높였습니다.

물론 그저 편한 자리에서 일어난 에피소드라고 할 수도 있겠지만 식사 후 헤어지고 나서도 그 지인이 말한 '비현실적'이라는 단어가 가슴에 박혔습니다. '정말 그런가' 하고 곰곰이 생각도 해 보았습니다. 그렇지만 아무리 생각해 봐도 너무도 개인적일 수밖에 없는 것이 커리어가 아닌가! 무슨 단어 하나를 들어도 그 단어에서 연상되는 것은 그 사람 개인의 인생 경험 속에서 받아들이니 백이면 백 다 다를 수밖에 없지 않겠는가! 그런 한 사람 한 사람의 인생을 마주하는 것이 생계유지하는 일에 대한 서포트에 비해 그렇게도 비현실적인 것인가! 하는 생각이 머릿속을 떠나지 않았습니다. 상식으로 되지 않으니 전문가가 필요한 게 아니겠느냐고 속으로 반문도 하면서 말입니다.

지인의 이야기는 미국의 작가이자 언론인으로 『New Passage — 인생은 45세부터가 재미있다』를 집필한 게일 시이Gail Sheehy의 경험담과 같았습니다. 게일 시이는 그녀가 만난 커리어 카운슬러들은 50대 이후에 실직한 사람들이 자신들에게 이렇게 다그친다고 합니다.

> "나는 심리적인 문제나 정신적인 측면에는 관심이 없소. 그런 얘기는 필요한 사람들에게만 하시고 내게는 단도직입적으로 중요한 문제(취업할 수 있는 곳이 있는지)만 알려주시오."[1]

---

1 Gail Sheehy, New Passage — 인생은 45세부터가 재미있다. 1997

그녀는 "중년 이후에도 30년을 더 살아야 하는 지금 인생 후반전에도 새로운 삶이 있다는 것", 그리고 "예전에 누리던 지위나 권위를 포기하면 새로운 자신을 발견할 수 있고 자신을 재탄생 시킬 수 있다는 것", "21세기에는 그리스 신화에 나오는 프로테우스처럼 변신할 수 있어야 하고 끊임없이 자신의 능력을 개발하여 다른 사람들에게 봉사할 수 있어야 한다는 것" 등 새로운 관점을 발견하는 것이 중요하다고 하였습니다. 일과 경제적 성공을 목표로 여겼던 '제1성인기'에서 생명 그 존재로서 고결함을 지닌 편안한 '제2성인기'로 건너는 항로를 어떻게 통과하는가에 따라 각자의 인생의 명암이 갈라진다고 강조합니다

그녀의 글을 마주하면서 전광석화처럼 전직지원에 대한 올바른 이해가 필요하겠다는 생각이 필자의 뇌리를 스쳤습니다.

워크넷에 들어가 보면 전직지원전문가는 'Outplacement Expert'라고 소개하고 있습니다. 아울러 직업백과에 의하면 전직지원전문가는 '퇴직 후 이직 전직이나 창업을 희망하는 사람에게 제2직업을 추천하고 이에 대해 상담 및 컨설팅을 제공하는 사람'이라고 수행직무를 설명하고 있습니다. 그렇다면 Outplacement는 무엇이고 '상담을 제공하는'에서 상담은 과연 어떤 정의에 의한 것인지, 또 전직轉職을 영어로 표현하면

Career Transition으로 번역되는데 도대체 Career는 무엇이고 Transition은 어떤 의미를 내포하고 있는지 등 전직지원을 올바르게 전하는 책임이 필자에게는 게일 시이가 이야기하는 중년기 항로를 찾는 사람에게 필수적이고 자신의 인생에 양보할 수 없는 그 무엇이라는 생각이 들었습니다.

New Passages!
필자에게 비수같이 꽂힌 "비현실적인 이야기잖아요"라고 하는 지인의 말이 결과적으로 필자의 중년기 새로운 항로의 발견 즉 "비현실적인 이야기가 아닌 현실적인 이야기로 만들어 가는 것"이 필자의 인생의 테마가 된 셈입니다.

"인간은 자신이 잘 모르는 것은 무엇이든 부정하려고 든다."[2]

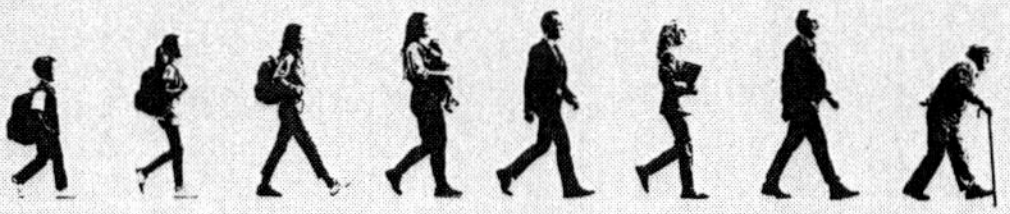

I. 전직지원이란?

1. 이직 vs 전직, 전직 vs 재취업

● 전직轉職이란 무엇인가?

이직과 전직의 차이는 무엇일까요. 사전적 정의를 보면 이직은 '직장을 옮기거나 직업을 바꿈'이고 전직은 '직업이나 직무를 바꾸어 옮김'입니다. 비슷해 보이지만 의미에서는 차이가 있습니다. 이직은 기존 경력을 유지하면서 직장을 옮기는 것을 말합니다. 반면에 전직은 하던 일을 바꾼다는 의미가 강합니다. 즉 완전히 새로운 일(새로운 업종이나 직무 등)을 하는 것을 의미합니다. 이처럼 전직은 지금까지의 길을 버리고 새로운 길을 향해 가는 전환이자 시작점입니다.

한편 재취업은 일단 일을 그만두었다가 다시 취업하는 것을 말하며 이 경우 군이 동종업종이나 異업종 여부는 구분하지는 않습니다. 그래서 요즈음 전직이나 재취업이란 용어가 자주 쓰이는 이유는 다른 업종으로 취업하거나 아니면 일단 회사를 그만둔 후 다시 직장을 알아보는 경우가 많기 때문이 아닌가 생각됩니다.

　일본에서는 이직離職은 말 그대로 퇴직이나 실직으로 인해 일을 그만두는 것을 의미합니다. 대신에 회사 재직 여부에 따라 전직과 재취업으로 구분하고 있습니다. 즉 전직이란 현재 근무하고 있으면서 취직자리를 찾고 갈 회사가 정해지면 그때 다니던 회사를 그만두는 것을 말하며, 재취업은 우리나라처럼 일단 퇴직한 후 일정 기간의 실직기간을 거친 후 다시 취업하는 것을 말합니다. 이처럼 일본은 회사를 다니고 있는 상태에서의 직장이동이냐 아니냐를 중심으로 구분하지만 이 또한 서로 구분 없이 사용하곤 합니다.

　그래서 아웃플레이스먼트 회사를 일본에서는 재취업지원회사로 부르고 있습니다. 즉 회사를 고의든 타의든 그만둔 사람에 대한 서비스인 만큼 전직이 아니라 재취업을 지원하는 것을 의미하고 있는 것입니다. 그런 측면에서 보면 우리가 이야기하는 전직지원상담은 일본의 시각에서 보면 재취업지원상담을 의미한다고 할 수 있겠습니다.

최근 일본은 우리나라로 말하면 이직 중심에서 전직 중심의 재취업으로 주 관심사가 이동 중이라 할 수 있습니다. 지금까지의 일본은 동종업종 간의 전직이나 재취업을 중심으로 지원하였지만, 몇년 전부터 성숙산업에서 성장산업으로의 전직을 활성화하는 국가적인 시책을 대대적으로 펼치고 있기 때문입니다. 그래서 그동안 지원하지 않았던 대기업에도 전직지원 장려금을 지원하기로 하는 등 산업 간 이동에 힘을 쏟고 있는 실정입니다.

양국의 용어에 대한 정의가 어찌되었든 우리나라는 이직보다는 전직, 일본으로 말하면 이업종 전직이나 재취업이 더욱 중요해지고 있습니다.

십수 년 전에 동해안에 있는 소도시에 전직지원 강의를 간 적이 있습니다. 당시 해당 지역에 있던 시멘트 공장이 대거 중국으로 이전한 후여서 해당 대기업에서는 대거 희망퇴직을 실시했습니다. 시멘트 업종 자체가 경쟁력을 잃고 해외로 공장을 이전하게 되어 부득이 다른 업종으로 자리를 물색해야 했습니다. 시멘트 경력을 가진 퇴직자들을 전혀 다른 업종으로 연계시키는 것이 전직지원서비스의 핵심이 되었습니다.

지금 우리가 접하고 있는 현실은 대부분 이런 경우가 일반적이라 생각합니다. 동종업종에서의 동시 구조조정이 일상화되었기 때문입니다. 회사를 바꾸는 것만 해도 어려운데 전혀 경험이 없는 낯선 업종에서 자신의 경력을 시작하는 것이 용이하지 않은 일인 것만큼은 틀림없지 않겠습니까! 해당 분야의 경험이 없기에 새로운 환경에서 성과를 낼 수 있다는 확신을 줄 수 있도록 자신의 역량을 어떻게 다른 업종에 매칭시킬 것인가 하는 내적 자원의 역량화가 중요한 과제가 되었습니다.

〈The 9-Square Model〉[3]

Same Job Different Industry 5	Similar Job Different Industry 7	Different Job Different Industry 9
Same Job Similar Industry 2	Similar Job Similar Industry 4	Different Job Similar Industry 8
Same Job Same Industry 1	Similar Job Same Industry 3	Different Job Same Industry 6

3   The Career Change Resume , https://insyncresources.com/. 사각형 1, 2, 3, 4에 표시된 변수를 따라 경력을 이동하는 것이 일반적으로 더 쉽고 이력서로 해야 할 일도 더 쉽습니다. 사각형 4 너머의 그리드에 표시된 변수는 경력 변경이 더 오래 걸리고 더 어려울 것임을 의미할 수 있습니다. 결과적으로 이력서(및 검색 전략)에 추가적인 창의성이 필요할 수 있습니다.

전직지원 일보다 사람이 먼저다

일본종합연구소 야마다 히사이시 연구원은 NHK의 〈클로즈업 현대〉(2015)라는 프로그램에서 어떤 사람이 어떤 기업으로 가는가 하는 매칭이 중요하다고 하면서 매칭할 경우 가장 중요한 것은 첫 단계의 상담이라고 강조하였습니다. 그 이유는 지금까지 일본의 경우는 종신고용이므로 전직을 전제로 일하는 것이 아니다 보니까 자신의 스킬이 어디에 있는지 그것을 제대로 전달할 줄 아는 사람이 드물다는 것이죠. 그것을 커리어컨설턴트가 끄집어내어 매칭시켜 가는 것이 중요하다는 겁니다. 그러나 일본의 경우 커리어컨설턴트가 충분히 양성되어 있다고 말하기가 어렵기 때문에 커리어컨설턴트를 양성한다든지 커리어상담의 노하우를 축적해 가는 지원이 먼저 필요하다고 강조하고 있습니다.

그 뿐만이 아닙니다. 자신의 직업이나 커리어를 바꾼다는 것은 자신의 정체성을 뒤흔드는 문제입니다. 오랜 직업생활 속에서 형성된 자신의 자아인 직업정체성은 자신의 머릿속 생각 뿐만 아니라 인간관계, 금전관계, 가족관계 등 여러 요소가 켜켜이 오랫동안 쌓이고 쌓여서 생겨난 것입니다. 그만큼 쉽사리 변화를 허용하지 않는 것입니다. 오죽하면 허미니아 아이바라는 직업을 바꾼다는 것을 '자아를 건 고통스런 투쟁'이라고까지 표현했을까요?

"한 회사에 오래 근무한다는 것은 그 회사의 일의 진행방식, 상사와의 접근방법, 심지어는 소프트웨어의 종류에 이르기까지 모든 행동규범에 몸이 익숙해져 있다는 의미다. 한 회사를 그만두고 다른 회사로 간다는 것은 단지 타사로 그대로 슬라이드하는 것이 아니라 새로운 자신의 발견, 새로운 생활방식의 발견, 자신과 가족 간의 새로운 관계의 구축 등이 재취업활동과 연계되어서야 비로소 가능한데 하물며 전혀 다른 직종으로 가는 경우는 더 말할 나위가 없다."[4]

필자도 구직 중에 가족들의 혼란을 접해야만 했습니다. 고3인 큰 아이는 학업을 지속할 수 있느냐고 걱정했고 작은 아이는 학적부 난에 아빠 직업을 어떻게 써야 하느냐고 물어오기도 했습니다. 지금은 편하게 이야기하고 있지만 당시는 심각한 분위기였던 게 잊혀지지 않습니다. 전직하고 나서도 달라진 기업문화, 근무환경, 인간관계는 물론 심지어는 소프트웨어(훈민정음에서 MS 워드)까지 바뀌는 혹독한 경험을 했습니다.

이처럼 전직은 쉬운 일이 아닙니다. 그렇기 때문에 전문가의 지원이 필요하게 된 것입니다.

---

4 김태유, 은퇴가 없는 나라, 2013

일본이 커리어컨설턴트 양성이 시작된 연도가 2002년입니다. 그로부터 13년 지난 후에도 제대로 된 전문가가 부족하다는 야마다 연구원의 코멘트를 들으면서 일본보다 한참 뒤늦게 전직지원전문가 육성에 손을 내미는 우리나라는 과연 충분히 양성되어 있을까 하는 생각이 들었습니다.

2. 전직지원의 기원

"인류역사상 가장 최초로 해고당한 사람은 기록에 남아있지 않
지만 아마도 망보는 중에 졸아 버린 네안데르탈인이라면 필경
최초로 기재될 만한 인간이었을지도 모른다. 당시 그도 분한
마음을 갖고 있었을까?"[5]

해고당한 네안데르탈인도 분명히 분한 마음을 갖고 있었을 겁
니다. 해고로 인해 어려움에 처한 실직자를 돕는 서비스에서 비
롯되었다는 전직지원서비스의 기원은 워크넷 직업정보에 따르
면 제2차 세계대전 후 제대군인의 취업을 지원하기 위한 상담서
비스로 시작됐다고 합니다. 이후 1960년대 미국 경기침체 심화
로 구조조정에 의한 대량해고가 발생하자 실직자를 위한 퇴직관
리제도로 전직지원서비스가 기업에 도입되었습니다. 필자가 입

---

5   James E. Challenger, Outplacement 서문에서, 1998

수한 한 연구논문[6]에 의하면 1945년 제2차 세계대전이 끝난 후 수만 명에 이르는 제대군인들에 대한 "아웃플레이스먼트의 할아 버지"라고 불리우는 버나드 홀데인Bernard Haldane에 의해 고안된 상담서비스가 그 기원입니다.

1911년 런던에서 태어나 외과의가 되려고 했던 버나드 홀데인 Bernard Haldane은 미국으로 이주해서 의사의 수련 과정을 마치려고 하다가 과거 교육을 인정받지 못하게 되자 세일즈맨, 비서 등을 전전하던 중 뉴욕저널의 편집장에 오르게 됩니다. 편집장과 겸 임해서 SAMSociety for the Advancedment of Management의 이사회 멤버로 근무하던 중 제대군인의 취업 지원에 대한 요청을 받고 3개월 만에 SIMSSystem to Identify Motivated Skills라는 모델을 개발합니다. 당 시 제대군인들은 우선 자신이 무엇을 하고 싶은지 무엇을 할 수 있는지 전혀 모르고 있었고 따라서 자신에게 맞는 커리어가 무 엇인지, 무엇을 전공해야 하는지에 대해 서비스가 절실하게 필 요했기 때문입니다.

그가 작고한 해(2002)에 설립했다는 CDSCenter for Despendable Strength에 의하면 이 모델은 DSAPThe Dependable Strengths Articulation

---

6　A History of the Outplacemnt(1960-1997) by Martha A. Redstrom-Plourd, March, 1998

Process라고 하여 지금까지도 학교, 대학, 지역사회, 종교단체, 비즈니스, 휴먼서비스 등에서 광범위하게 사용되고 있는 것으로 소개되고 있습니다. 이 프로그램은 아래와 같은 프로세스로 진행됩니다.

- Step 1: Remember
- Step 2: Tell
- Step 3: Discover
- Step 4: Confirm
- Step 5: Write
- Step 6: Use

그렇다면 워크넷에 소개되고 있는 내용 중에 실직자를 위한 퇴직관리제도로 전직지원서비스가 기업에 도입되었다는 기록에 의한 기원은 어느 회사일까요? 두산백과에 의하면 1967년 DBM사Drake Beam Morin Inc.가 처음 고안하여 도입한 것으로 되어 있습니다. 미국이 경제적 어려움을 겪던 1980년대에 사회적 비용을 최소화하면서 구조조정을 원활하게 수행하기 위한 방법으로 본격적으로 도입된 이후 경제잡지 『포춘 Fortune』이 선정한 500대 기업 가운데 70% 이상이 이용하고 있을 정도로 선진국에서는 일반화되어 있습니다.

그러나 필자의 소견으로는 1962년에 설립된 Challenger, Gray & Christmas사의 창업자 제임스 챌린저James E. Challenger가 만든 프로그램, 즉 당시 공헌도가 높은 임원들이나 상급관리자가 해고된 후 재취업에 어려움을 겪는 것을 보고 그들을 지원할 필요가 있다고 해고한 기업에 호소하여 만든 지원프로그램 관리자부활Executive Retrieval이 지금의 관점에서의 아웃플레이스먼트 서비스의 기원이라고 여겨집니다.

당시 취업활동은 단지 헤드헌팅사에 편지 보내놓고 가끔씩 취업알선회사에 들리는 정도로 지금 강조하는 연고에 의한 인맥 활용 같은 것은 수치로 여기고 '가치있는 인재는 남들이 알아서 찾아올 것'이라는 소극적 생각으로 주로 전화를 기다리는 수동적 방식의 취업활동으로 일관하였습니다. 이를 본 챌린저는 적극적인 행동을 수반하는 재취업 지원프로그램이 절실하다고 느꼈다고 합니다. 그래서 그는 해고기업들을 찾아다니면서 기업의 사회적 책무를 강조하고, 소송을 피할 수 있으며 회사 이미지에도 도움이 된다는 식으로 설득하여 2~3개 사가 시험적으로 응하게 되어 회사를 설립하게 된 것입니다.

그 후 그는 대상도 상급관리자뿐 아니라 하급관리자, 노동자, 일반사무직까지 확대하면서 명칭도 관리자부활Executive Retrieval에서 아웃플레이스먼트로 바꾸게 됩니다. 동사는 현재 미국 캐나다 등지에 거점을 두고 있는 미국 최대의 아웃플레이스먼트 회사로 성장합니다.

굳이 기원이 어디인지 찾을 필요가 있느냐고 어깃장을 놓는 사람도 있겠지요. 그러나 전직지원 분야에 종사하는 사람은 자신의 일이 인생의 전환기를 맞은 사람의 인생을 바꿀 수도 있는 중요한 일임을 자각해야 합니다. 따라서 많은 경험과 배움을 쌓으며 전직지원 종사자로써 긍지와 자부심을 갖고 임해주시기를 바라는 마음에서 조사를 하게 되었습니다.

3. 커리어가 뭐예요?

'말이 달리는 길입니다'

갑자기 무슨 말인가 의아해 하시는 분이 계실 것 같습니다. 인터넷에서 '커리어가 뭐예요' 하고 물어본 사람에게 누군가가 '말이 달리는 길'이라고 설명하고 있어 인용한 것입니다.

커리어의 정의를 들먹이게 된 것은 누군가가 기고문에서 '단순한 경력Career이 아니라'는 표현을 하여 차제에 커리어의 정의를 소개할 필요성을 느꼈기 때문입니다.

그럼 우선 '말이 달리는 길'에 대해 생각해 보기로 하지요. 아마 답변한 분은 커리어의 어원인 라틴어의 Carraria, 즉 '마차 등 탈 것이 다니는 길, 바퀴자국'을 기원으로 하여 경마장의 코스나 트랙을 의미하는 프랑스어 Carriere에서 유래했다는 커리어의 정의를 참고하여 소개한 것처럼 보입니다. 마차를 타고 온 길의 궤적을 생각하는 것이 자신이 걸어온 인생행로로 연결되어 경력, 이력, 직업이라는 뜻으로 해석하게 되었다고 할 수 있겠습니다.

『당신의 파라슈트는 무슨 색입니까』의 저자 리차드 볼스Richard N. Bolls는 커리어의 어원을 설명하면서 경마장의 코스Race에서 상대방에 지지 않기 위해 혼신의 힘을 다하는 모습과 험로처럼 울퉁불퉁하고 굽어지고 좁은 길Road에서 연상하듯이 과감하고 장애를 극복하고 전진하는 의미가 강하다고 합니다.

지금까지 커리어는 '직업, 직무, 직위, 이력, 진로Work career'처럼 협의로 해석해 왔습니다. 그러니 '커리어를 잘 관리해라' 하면 '경력이나 이력 관리를 잘하라'는 의미로 들리기도 하고 커리어를 진로로 해석하면 말 그대로 코스, 앞으로 나아가는 경로라고 들리기도 합니다. 그래서 진로상담이나 진로지도는 '개개인의 인생활동의 한 방향으로서의 직업 및 그를 위한 준비'로 해석해서 자녀와 진로를 상의할 때 "어떻게 살아갈 거니?"가 아니고 "앞으로 너는 뭐 할 거니"로 물어보기 일쑤이고, 그래서 학생은 그 많은 직업 속에서 자신에게 맞는 직업을 선택하느라 고심합니다. 퇴직자 상담에서는 "어떤 인생을 살아갈 것입니까?" 하고 개개인의 삶의 가치를 어떻게 담아낼까 고민하기보다는 "어떤 일을 하실 겁니까?" 하고 물어보기 쉬워 또다시 지친 몸으로 먹고살 일을 찾아 갖가지 상념에 사로잡히며 막막해 합니다.

그러나 이는 어디까지나 커리어를 협의에서만 바라보기 때문에 생긴 오해입니다. 최근에 고령화 사회가 도래하면서 커리어를 '개개인의 생애에 걸친 삶의 방식이자 자기존재의 표현'이라는 광의로 해석하게 되었습니다. 즉 취업이나 승진과 같은 좁은 범위에서 벗어나 일생을 통해 어떻게 하면 각자가 가지고 있는 고유의 재능이나 능력을 최대한 발휘하여 풍요롭고 충실한 인생을 살아갈 것인가 하는 개념으로 커리어의 의미가 넓어진 것입니다. 그래서 최근에는 커리어라는 말 앞에 '생활방식', '개인의 생활'을 의미하는 라이프라는 단어를 붙여 '라이프커리어Life career'라는 호칭으로 바뀌었습니다.

또한 직업심리학의 대가 도날드 슈퍼는 커리어를 '개인이 일생 동안 달성한 모든 역할 및 그 조합'으로 정의하면서 '직업인 이외에도 자녀, 학생, 여가인, 시민, 배우자, 가사인, 부모 등과 같이 대부분이 사람들이 일생 동안 경험하는 역할을 포함하는 것'이라고 폭넓게 규정하고 있습니다. 즉, 커리어는 다양한 요인들과 깊게 연관되어 개인의 일생에 걸쳐 변화하고 발달하는 것으로 직업인에만 그 개념을 국한하지 않고 자원봉사, 가사, 지역활동, 취미활동 등을 포함시킨 것입니다. 직업은 여러 개의 역할 중

하나에 불과하므로 커리어를 직무나 직업과 동일시하는 것은 낡은 사고라고 주장합니다.

인생 100세 시대를 맞은 지금은 커리어를 협의에서 광의로 해석하는 패러다임의 변화가 필요한 시기입니다. 인생의 다양한 역할, 즉 직업에 대한 만족에만 초점을 두는 것이 아니라 일을 통한 인간적 관계, 가족과의 관계를 포함해야 하며 아울러 자신의 이익만이 아닌 커뮤니티나 사회에도 관심을 보이는 경력설계를 지향하는 것이 최근의 흐름입니다. 따라서 전직지원도 경제적 필요성에 입각하여 직업선택이나 취업알선에만 중점을 두지 말고 좀 더 전체적인 인생, 보다 폭넓은 인생의 역할이라는 관점에서 접근하는 것이 필요하다고 하겠습니다.

이렇듯이 커리어에 대한 정의는 라이프커리어로 광의로 확대되었는데도 불구하고 이를 협의로만 적용하다 보니 취업, 진로, 직업 등을 연이어 사용하거나 '단순한 경력career'이라는 오해를 부르기도 하는 것입니다.

커리어에 대한 해석은 그야말로 도덕경에 나오는 구절과 같습니다.

道可道 非常道 名可名 非常名

도를 도라고 해도 좋겠지만 (그 이름이) 꼭 도이어야 할 필요는
없다. 이름으로 이름을 삼을 수 있지만 항상 그 이름이어야 하
는 것은 아니지 않은가? [7]

이를 커리어에 빗대어 해석하면 '커리어를 커리어라고 해도 좋
겠지만 그 이름이 꼭 커리어이어야 할 필요는 없다'로 볼 수 있
습니다. 결국 커리어를 해석하지 않고 그냥 커리어라고 하면 되
는데 이를 꼭 이름 붙이려는(한국어로 해석하려는) 시도를 하다 보니
그 해석에 우리는 사로잡혀 원래의 道의 의미를 잘못 이해하는
것처럼 '커리어의 의미'를 잘못 이해하는 결과를 초래하는 것은
아닌지 한번 돌아볼 필요가 있겠습니다.

커리어는 '단순한 경력Career'이 아닙니다.

---

7   오영훈. 커리어 위너. 2010

4. 전직지원이 교육이라고?

언젠가 전직지원에 관심이 있다는 사람으로부터 "Outplace-ment는 교육이잖아요" 하는 말을 듣고 잠시 말문이 막힌 적이 있습니다. 그의 말을 들으면서 필자가 명퇴할 당시의 심정이 잠시 떠 올랐습니다.

아침이면 직장에 나가던 사람이 그냥 집에 있으면 동네 아주머니들이 "누구네 집 아빠는 왜 낮에 집에 있지?"라고 수군거릴 것 같아 슈퍼에 갈 때도 양복을 입고 가기도 하고, 거실에 파자마를 입고 편하게 앉아 있다가도 초인종 소리가 들리면 후다닥 방으로 들어가야 했습니다.

실업의 체험은 가혹합니다. 히로카와 스스무는 실업카운슬링에 있어 일본 내에서는 독보적으로 알려진 인물입니다. 실업카운슬링이라는 과목으로 필자도 히로카와의 강의를 접할 기회가

있었는데 수업 시간에 그가 상담한 한 영업사원의 사례를 소개
한 적이 있습니다.

"어제 밤 꿈에서 고객의 회사를 돌아 다니면서 영업을 하고 있
었습니다. 늘상 하던대로 명함을 교환하려고 명함 지갑에서 명
함을 꺼내려고 하는데 아무리 찾아도 다른 사람 명함만 보이고
제 명함은 나오지 않았습니다. 창피함, 초조함에 등에 땀이 막
젖다가 꿈에서 깨어났습니다."[8]

명퇴 형태로 회사를 나와 재취업 현장에서 만난 영업직 출신
의 퇴직자의 명함이 없는 꿈 이야기는 정말 실업의 상징적인 예
가 아닐 수 없습니다. 그러고 보니 필자도 직장을 나온 후 한동
안 유사한 꿈에 시달리곤 했습니다. 꿈속에서 발령을 기다리거
나 조직 속에서 나만 소속이 없는 것을 알고 소스라치게 놀라거
나 다들 즐겁게 일하고 있는데 혼자 배회하는 등 깨어나면 반갑
지 않은 꿈을 한참 동안 꾸었습니다.

직장을 다니면서 어떠한 일에 종사한다는 것은 문자 그대로
자신의 사회적 지위를 드러내는 상징이며 자신의 존재감과 남과

---

8 廣川 進 히로카와 스스무, 실업의 커리어 카운슬링 강의, 2006

다른 자신만의 정체성을 드러내는 표현의 발로이기도 합니다. 그런데 퇴직으로 인해 장기간 근무하면서 애착과 의존성이 강해진 직장이라는 대상을 잃어버리게 되면 자신의 존재마저도 부정당하는 정체성의 위기를 느끼게 됩니다.

이런 퇴직자의 심정을 가장 잘 묘사한 글 중에서 시오노 나나미가 묘사한 마키아벨리의 심정만한 표현을 필자는 본 적이 없습니다.

목적을 위해서는 수단과 방법을 가리지 않는다는, 듣기에도 무시무시한 정치철학용어 마키아벨리즘의 주인공 마키아벨리도 15년간 근무하던 피렌체 공화국 제2서기국 서기관직을 박탈당한 비자발적 퇴직자였다고 시오노 나나미는 그의 저서 『나의 친구 마키아벨리』에서 이야기합니다. 업무상 비리가 있었던 것도 아니고 실수한 것도 아닌데 돌연 해임당한 것입니다. 이듬해에는 음모에 가담한 혐의로 투옥되어 옥살이까지 한 그는 결국 피렌체를 떠나 원하지도 않은 은둔생활에 들어갑니다. 그가 마흔네 살의 나이일 때입니다. 그 후 8개월이 지나 군주론의 집필을 알리는 편지를 친구에게 보냅니다.

시오노 나나미가 말하는 마키아벨리의 심정

"피렌체에서의 10km는 단순한 10km가 아니다. … 자기는 불한당이 되겠다고 말하는 마키아 벨리. 그렇게 함으로써 뇌에 들러붙은 곰팡이를 긁어내고 자기에 대한 운명의 장난을 향해 분노를 쏟아 부은 그. 이 같은 그의 분노는 비단 생계의 길을 끊긴 자가 느끼는 분노와 그 强度와 質이 다르지 않겠는가? 사람에게는 누구나 그 사람만이 특히 필요한 무언가가 있는 법이다. 그것을 빼앗겼을 때 그것에 관심이 없는 자는 이해할 수 없을 만큼 탈취당한 본인의 노어움은 처절하다. 그것을 이해하느냐 아니냐가 그 사람을 이해하느냐 아니냐로 이어지고 군주론을 비롯한 그의 저작에 나타난 사상을 이해할 수 있느냐 없느냐로 이어지는 것은 아닐까?"[9]

44세의 마키아벨리는 하루아침에 모든 익숙한 것으로부터 내쳐졌습니다. 평생 직장이라고 믿었던 일터에서 한창의 나이에 느닷없이 쫓겨나 생계에 대한 걱정을 떠안고 산탄드레아 산장 마당에서 보고 싶지 않아도 보이는 피렌체를 봅니다. 자신이 몸담았던 일터가 있는 피렌체를 바라보는 마키아벨리. 그는 아마

---

9   시오노 나나미, 나의 친구 마키아벨리

도 생계 수단을 잃어버린 자의 걱정과 근심으로 인한 분노가 아니라 자기 존재가 부정당한 것 같은 노여움과 분노로 잠을 이루지 못했을 것입니다. 이렇듯이 충격과 공포, 분노로 붕괴된 듯한 멘탈 상태에서 진행되는 것이 전직지원상담입니다.

홈즈와 레이 박사의 사회재적응 평가척도SRRS는 인생의 전환국면마다 스트레스를 점수화한 것입니다. 배우자 사망 100LCULife Change Unit부터 가벼운 법률 위반 11LCU까지 43개의 인생사건을 지수화 하였습니다. 이 척도로 수십만 명의 미국인을 대상으로 테스트하여 그 득점과 피험자의 1~2년 내의 건강도를 조사한 결과, 일반적인 미국인이 2년간 입원할 확률이 20%인데 반해 150~300LCU의 스트레스를 받는 사람의 경우 50%, 300LCU 이상의 스트레스를 받는 사람의 경우 90%까지 치솟는 결과가 나왔다고 합니다. 퇴직은 45(해고 47)로 10위(해고 8위)에 해당하지만 가족의 건강변화, 경제 여건 변화, 전직, 업무상 책임의 변화, 생활 조건의 변화 등 다른 스트레스를 함께 유발할 수 있는 인생사건이므로 경우에 따라서는 얼마든지 300을 넘어설 수도 있습니다.

〈사회재적응평가척도〉

(SRRS: the Social Readjustment Rating Scale)[10]

단위: LCU

번호	사건	LCU	번호	사건	LCU
1	배우자의 사망	100	23	자녀 별거	29
2	이혼	73	24	친척과의 트러블	29
3	부부 별거생활	65	25	개인의 성공	28
4	구류	63	26	부인의 취직이나 이직	26
5	친척의 사망	63	27	취학 졸업	26
6	개인의 사고나 병	53	28	생활조건의 변화	25
7	결혼	50	29	개인적 습관의 수정	24
8	해고, 실업	47	30	상사와의 트러블	23
9	부부화해, 조정	45	31	노동조건의 변화	20
10	퇴직	45	32	주거의 변경	20
11	가족의 건강 변화	44	33	전학	20
12	임신	40	34	레크리에이션의 변화	19
13	성적장해	39	35	교회활동의 변화	19
14	가족구성원의 증가	39	36	사회활동의 변화	18
15	업무조정	39	37	1,000만 원 이하의 대출	17
16	경제상태의 큰 변화	38	38	수면 습관의 변화	16
17	친구의 사망	37	39	단란한 가족 수의 변화	15
18	전직	36	40	식습관의 변화	15
19	배우자와의 관계	35	41	휴가	13
20	1,000만 원 이상의 대출	31	42	크리스마스	12
21	담보 대출금의 손실	30	43	위법행위	11
22	업무상 책임의 변화	29			

---

10 오영훈, 살아있는 퇴직이야기, 2010

윌리엄 브리지스는 인생에서의 마주하게 되는 Transition, 즉 어느 한 국면에서 다른 국면으로 전환할 때 '死와 재생'을 경험한다고 하였습니다. 카우프만도 다음과 같이 '실업스트레스의 심리적 영향'을 16가지로 나열하면서 자존감 저하는 물론 자책, 우울감, 고립, 분노와 배반심, 무력감, 의욕저하를 수반하고 그로 인해 직업 선택의 폭도 줄어든다고 보고한 바 있습니다.

그뿐 아니라 가족에게도 영향을 미칩니다.

> "남편은 마치 실직의 아픔을 혼자만 겪는 것처럼 생각하고 과격하게 행동해요. 물론 남편의 충격이 크겠지요. 하지만 집에 있는 아내와 아이들의 충격도 그에 못지 않아요."[11]

> "너무도 돌연히 다가온 현실에 머리가 텅 빈 느낌이었다. 남편의 수입이 없다는 것은 생활이 불가능하다는 것을 의미한다. … 우리 남편은 자기가 놓여진 입장을 알기나 하는가?"[12]

---

11 김용전, 남자는 남자를 모른다
12 실업 후의 가정, 실업119

〈실업스트레스의 심리적 영향 16가지〉[13]

1	Low self-esteem	자존감의 저하
2	High anziety	높은 불안
3	Anomie	여러 규범이 결여된 상태
4	Self-blame	자책
5	Depression	우울
6	Social isolation	사회적 고립
7	Anger and resentment	분노와 한
8	Aggression toward others	타인에 대한 공격
9	Psychosomatic disorder	심인성의 장애
10	Occapational rigidity	직업선택 폭의 경직화
11	Professional obsolescence	직무능력의 저하감
12	Low motivation to work	취업의욕의 저하
13	Low achievement motivation	달성동기의 저하
14	External locus of control	외적통제형, 자신의 운명이나 행동은 자신이 아니라 타인이나 외적 요인에 의해 정해진다고 생각하는 경향
15	Helplessness	무력감
16	Premature death from suicide or illness	자살이나 병에 의한 조기사망

필자가 금융기관 퇴직자를 대상으로 전직지원을 할 때입니다.
내담자 중 한 분이 당초 원하지 않던 포지션, 그것도 먼 지방에

---

13 廣川 進 히로카와 스스무, 실업의 커리어 카운슬링, 2006

있는 포지션에 지원하겠다고 막무가내로 우기는 겁니다. 당초 원하던 일자리가 아닌데도 상관없다면서 말입니다. 이상하다고 생각해 추진을 하지 않고 사정을 알아보았더니 아내 등쌀에 하루라도 빨리 집에서 떠나고 싶어 지원했다고 하더군요. 후에 수도권에 원하던 일자리가 나와 전직에 성공하기는 했지만 이처럼 내담자는 자신의 내면의 세계는 물론 가족과도 부딪혀 가면서 이력서를 쓰고 일자리를 찾고 있습니다.

아웃플레이스먼트의 창시자 제임스 챌린저도 "진정한 아웃플레이스먼트는 구직기간 전체에 걸쳐 구직자가 네거티브가 되지 않게 자신감을 심어주고 격려하며 지켜보면서 활동적인 구직생활을 할 수 있도록 서포트하는, 재취업 성공까지의 Follow-up에 달려 있다"고 그의 저서 『아웃플레이스먼트』에서 강조하고 있습니다.

어찌보면 갑작스런 퇴직은 우리에게 불행의 씨앗을 뿌리는 듯합니다. 익숙한 것들과의 결별이기도 하고 불타는 갑판에서 바다로 뛰어 드는 절박한 심정일 수도 있습니다. 퇴직은 위기라고 우리는 일반적으로 이해하고 있습니다만 그 안에는 위난危難과 기회가 있습니다. 오히려 우리는 퇴직이라는 불안정기 속에서 성장과 발달을 지속하는 존재이기 때문입니다. 그러한 내면적인

변화 세계 속에서 자신을 추스르고 자기 변용을 통해 절망을 희
망으로 새로운 삶의 방식을 획득하는 상담이 바로 전직지원상담
입니다.

"단테에게 추방이 없었더라면 신곡이 탄생하지 않았을 것이고
마키아벨리에게 추방의 불행이 닥치지 않았더라면 군주론은
햇빛을 보지 못했을 것이라고 사람들은 말한다."[14]

나는 아웃플레이스먼트가 교육이라는 그분의 말을 듣고 혼자
말로 중얼거렸습니다.

"전직지원은 교육이 아닙니다(내 경험만으로 보더라도요…. 굳이 마키
아벨리까지 들먹거리지 않더라도…)."

---

14 시오노 나나미, 前揭書

5. 전직지원서비스업이 수주산업이다?

故 이건희 삼성그룹 회장이 계열사 대표들에게 집요하게 요구했던 것 중 하나가 '업業의 개념'에 대한 철저한 이해였습니다. 그게 없으면 사업 성공의 필수요소가 무엇인지 파악할 수 없다고 봤습니다. 1980년대 후반 호텔신라의 한 임원에게 "호텔업의 본질이 뭐라고 생각합니까?" 하고 물었던 일화는 지금도 자주 회자되고 있습니다. 그 임원이 "서비스업"이라고 답하자 "다시 제대로 잘 생각해 보세요"라고 숙제를 줬습니다. 이 임원은 해답을 얻기 위해 해외 유명호텔들을 벤치마킹하면서 연구한 뒤 돌아와 "입지에 따라 성패가 갈리고, 새로운 시설로 손님을 끌어야 해 부동산업과 장치산업에 가깝다"고 보고하자 그제서야 이 회장은 고개를 끄덕이면서 장치산업이자 부동산업으로서의 호텔의 발전방향에 대해 구체적인 전략을 논의하라는 지시를 내렸다고 합니다.

필자가 일본 주재 시에도 '보험회사의 업의 개념'에 대해 조사하라는 지시가 있었습니다. 알아본 즉슨 '영업관리자의 육성'이었습니다. 보험회사의 특성상 방대한 영업조직을 이끌고 있는데 그 수많은 영업사원을 일일이 육성할 수 없으니 영업사원을 육성할 영업관리자의 육성이 가장 중요한 핵심이라는 것입니다.

비슷한 사례로 2차대전 당시 제로전투기 조종사 양성 실패로 패전한 일본 해군의 사례를 들 수 있습니다.

2차대전 당시 0식 함상전투기(제로센) 또는 흔히 제로전투기(일본 해군 항공대의 경량급 전투기)는 성능을 향상시키는 과정에서 일본 해군의 무리한 요구를 충족시키기 위해 조종석의 장갑판을 떼어버리고 연료탱크 봉합 장치도 생략하였다고 합니다. 그 결과 제로전투기는 도입될 당시, 뛰어난 기동성과 상승속도, 긴 항속거리, 높은 고도에서 전투가 가능한 능력 등으로 놀라운 성과를 보여 연합군 조종사에게 공포의 대상이 되었습니다.

그러나 이러한 비행성능 달성을 위해 행해진 무리한 경량화로 인해 취약해진 기체강도와 방어력은, 이후 제로센의 치명적인 결점으로 작용, 전쟁 중반 이후 제로센의 급격한 몰락을 야기하게 됩니다. 낮은 기체 강도와 피탄에 대비한 방어설비 부족으로 상대적으로 가벼운 피탄으로도 격추되었고, 무엇보다 조종사 방호의 부족으로 전투 과정에서 연합군에 비해 조종사의 사상 비율이 높아 이는 숙련된 항공승무원의 손실로 인한 일본군의 전력 약화에 상당한 영향을 주었다고 합니다. 일본의 파일럿 양성 체계는 애당초 소수정예식으로 운영되었기 때문에, 파일럿 소모가 지속되자, 우수한 전투기 조종사를 대거 양성하는 미국에 비해서 결국 파일럿의 기량도 뒤처지게 되었지요. 결국 패전의 원인으로 우수 조종사 방호 부족 및 양성에서 뒤처진 것을 들 수 있습니다.[15]

필자가 20년 전 일본 전직지원업계를 조사차 출장을 간 적이 있었습니다. 당시 방문한 전직지원회사는 주식시장에 상장까지 한 다국적 전직지원회사였습니다. 전직지원회사의 업의 개념이 무엇인가 하고 묻는 필자에게 제조업 출신 사장은 '수주산업'이라고 잘라 말했습니다. 수주만 하면 컨설턴트는 얼마든지 공급할 수 있으니 수주가 핵심이라는 것이었습니다. 우수한 컨설턴트 양성이 쉬운 것이 아니지 않는가 하고 묻는 필자에게 그는 컨설턴트는 단기간에 손쉽게 양성이 가능하다고 말하는 것이었습니다. 그의 단호한 대답에 필자는 아연실색할 수밖에 없었습니

---

15 위키백과의 내용 중 발췌 재정리

다. 그 회사는 결국 상장폐지되어 몰락의 수순을 밟았습니다.

요즘 전직지원회사가 빠르게 늘어나고 있습니다. 뒤에서도 다루겠지만 단순히 구직정보를 제공해주고 구직기술을 전수해주는 서비스만으로는 전직지원의 본래의 목적을 달성할 수 없습니다. 질 높은 상담을 통해 본인이 느끼고 깨달아 스스로 움직이려는 능동적인 변화가 없으면 안 되는 서비스인 것은 두말할 나위도 없습니다. 그런데 전문가 양성은 제대로 이루어지지 않고 업계가 커진다면, 당연히 전직지원전문가의 수준의 문제가 대두되기 마련입니다. 일본도 전직지원 확장기에 커리어컨설턴트(전직지원전문가)의 전문성 문제를 소홀히 다루다가 커리어컨설턴트가 안정적인 직업으로 자리잡지 못하는 등 커다란 시행착오를 겪었음을 상기해야 할 것입니다.

그런 의미에서 필자는 전직지원업에서 '업'의 개념은 '(우수한) 전직지원전문가의 양성'[16]에 있다고 생각합니다. 일본종합연구

---

16 한국고용정보원이 2022.10 발표한 '재취업지원서비스 실태 분석 결과'에 따르면 조사에 응답한 재취업지원서비스 제공 의무 기업 중 근로자에게 재취업지원서비스를 제공하고 있는 기업은 52.7%로 간신히 절반을 넘기는데 그쳤다.....참여활성화를 위해 보완이 가장 필요한 점으로 담당자들은 '프로그램의 질과 대상에 대한 적합도 향상'을 1위(67.0%)로 꼽았으며 연계 가능한 직업능력개발 훈련의 확대를 2위(58.2%)로 답했다. 또 재취업지원서비스 인력의 전문성 제공이 41.3%로 그 뒤를 이었다. 조사를 진행한 한국고용정보원 연구원은 "컨설턴트의 역량에 의해 상당부분 서비스 질이 좌우되는 만큼 인력의 전문성 제고와 교육 강화가 필요하다"고 조언했다.
(출처: "재취업서비스 의무화? 절반이 나 몰라라...질적서비스는 답이 없어, 아웃소싱타임즈. 2022.11.28)

소 야마다 히사이시 연구원이 앞에서 커리어컨설턴트 육성과 커리어 상담 노하우의 축적을 강조한 것도 같은 이치가 아닌가 생각합니다.

6. 전직지원서비스업은
   마음관리 산업이다

'마음관리산업'은 전직지원컨설팅회사에서 한때 필자와 같이 근무한 천영희 박사[17]에게 들은 문구입니다. 이 문구에 저는 유난히 큰 울림을 느꼈습니다. 천영희 박사는 왜 전직지원을 마음관리산업이라고 했을까요?

제임스 챌린저는 아웃플레이스먼트란 '기업을 비자발적으로 퇴직한 구직자에 대해서, 상담, 트레이닝, 비서 서비스 등을 제공해 단기간으로 재취직 또는 사업 독립을 이룰 수 있도록 유·무형의 지원을 실시해 구직자와 기업 양쪽 모두를 만족시키는 서비스'라고 했습니다. 시스템적으로 보면 비자발적 퇴직자에게 상담과 구직 노하우를 제공하고, 구인 정보를 모아 인재를 무료로

---

17 천영희, 전직지원프로그램의 효과분석 및 개선방안 연구, 중앙대학교 대학원 박사학위논문, 2002

기업에 소개합니다. 일반적으로 인재 소개 회사가 인재를 기업에 소개해 소개자의 입사가 정해지면 기업으로부터 알선 수수료를 징수하는 것과는 달리 아웃플레이스먼트회사는 송출 기업에 비용을 청구하기 때문에 기업으로부터는 수수료를 청구하지 않습니다.

전직지원서비스는 퇴직 전 근무하던 사무환경에 준하는 환경을 제공하는 시설Facility서비스, 효율적인 전직활동을 지원하기 위한 정보 제공Information서비스, 그룹 교육프로그램과 상담을 제공하는 컨설팅Consulting서비스 등으로 구성되어 있습니다[18]

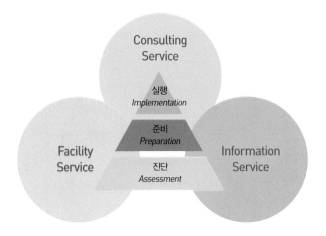

18 월간 리쿠르트, 2006.3

〈서비스 프로세스〉

1단계	2단계	3단계
진단Assessment	준비Preparation	실행Implementation
오리엔테이션 심리상담 • 패배감 치유 • 도전의욕 고취 개인의 핵심역량 분석 심리적성가치관 분석 이상적 직업 및 경력목표 설정	개별 재취업 목표설정 이력서 및 자기소개서 준비 • 시장가치 중심 구직/창업전략 수립 네트워킹 전략 수립 면접준비 실습 • 면접요령 모의면접 전문지식 훈련	취업 안건 분석 취업 목표 기업 선정 협상 전략 재취업 / 창업

삼성경제연구소 2001

그런데 퇴직은 심리적인 영향이 무척이나 큰 인생의 전환기이기 때문에 퇴직자에 대한 정신적 서포트 또한 중요한 문제가 아닐 수 없습니다.

DBM사를 창립한 Morin 박사의 아웃플레이스먼트의 정의에도 이러한 정신적 문제를 최소화하는 것을 담고 있지요.

"Systematic program designed to help the discharged employee find suitable employment with another organization within a reasonable length of time <u>with a minimum of psychological trauma.</u>"[19]

---

19 William J. Morin, Successful Termination, 1981

Sweet도 아웃플레이스먼트의 2가지 정의 중 첫 번째로 'Counseling for emotional stress resulting from the trauma of termination'을 들고 있습니다

Sweet "Outplacement includes two elements:[20]
(1) Counseling for emotional stress resulting from the trauma of termination
(2) Assistance with job search

한국고용정보원에서 개발한 '사무직 베이비 부머 퇴직설계 프로그램'에도 적용이 되었던 리처드 제이 미라벨Richard J. Mirabile, 1985의 '전환상담으로서의 아웃플레이스먼트Outplacement as Transition Counseling'에서도 실직 트라우마에 대한 위로와 공감을 통한 성찰을 강조하는 것도 같은 맥락으로 읽혀집니다.

아웃플레이스먼트의 5단계 상담모델 (Mirabile, 1985)[21]

① 실직에서 오는 충격을 줄이기 위한 위로와 공감의 단계

---

20 William J. Morin, 前揭書
21 Richard J. Mirabile, 전환상담으로서의 아웃플레이스먼트(Outplacement as Transition Counseling), 1985

② 자신의 과거 직무경력과 장단점을 되돌아 보는 성찰의 단계

③ 향후 추구해야 할 명확한 경력목표의 단계

④ 추구해야 할 세부 방향 제시

⑤ 재취업이나 창업을 추진하는 단계

　어느 전직지원회사의 퇴직자 심리를 조사한 결과[22]를 보면 경제적 어려움(19%)보다 미래에 대한 불안감과 사회적 소속감의 상실, 심리적 좌절 등 심리적 어려움이 더 큰 것(63%)으로 드러난 것도 같은 현상이라 하겠습니다.

---

22 오영훈, 아웃플레이스먼트 이해와 발전방향 강의안, 2014

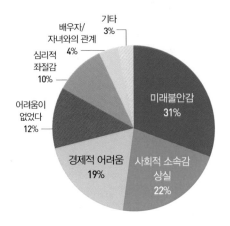

〈퇴직자 심리상태〉

기타 3%
배우자/자녀와의 관계 4%
심리적 좌절감 10%
어려움이 없었다 12%
경제적 어려움 19%
사회적 소속감 상실 22%
미래불안감 31%

그래서 요즘은 전직지원을 '실직이나 퇴직으로 인한 좌절감을 심리적 안정, 자신감 고취 등을 통해 회복하고 효과적 전직탐색 전략 및 기법을 익혀서 성공적인 전직탐색 활동을 돕는 것'이라고 정의하고 있습니다.[23]

일본의 커리어 상담 분야의 권위자 渡辺三枝子(와타나베 미에코) 교수는 전직지원의 의미를 명료하게 설명해주고 있습니다. 즉, 직업문제만큼 개인적이고 복잡한 것은 없으며 커리어는 자신이 경험한 것을 의미하므로 개인을 떠나서는 존재할 수 없다는 것

---

23 표성일, 노경애, 전직지원 2030, 2020

이죠. 그러므로 커리어는 개인의 내적 세계에 아주 깊게 관여하고 있기 때문에 상담자가 자신의 과거 경험을 어드바이스해주는 정도로 생각하는 것처럼 무서운 일은 없다고 강조합니다.

"과거의 직무경험분석만이 새로운 커리어를 생각해 내는 것이 아니다. 상담자와의 대화를 통해 선택과 커리어의 주체인 자신을 다시 돌아보고 새로운 각도에서 대화하지 않으면 자신의 Anchor를 찾아 미래를 향해 발걸음을 옮기기 어렵다."[24]

이처럼 전직지원의 주축을 이루는 상담은 심리적 커뮤니케이션이고 상담자는 훈련을 통해 내담자와 고유의 대인관계를 확립할 수 있는 능력을 갖추어야 합니다.[25] 서두에 말씀드린 아웃플레이스먼트 서비스를 마음관리산업이라고 하는 것도 그러한 의미에서 나온 것이라고 이해할 수 있겠습니다.

요즘 같이 혼돈된 고용 환경하에서 우리나라와 같이 전직활동에 익숙하지 않은 구직자에게 있어서는 분명히 전직지원서비스는 사막의 오아시스같이 귀중하고 유익한 서비스인 것만은 분명

---

24 渡辺三枝子(와타나베 미에코), 츠쿠바대학 명예교수
25 이러한 관계가 요인으로서 작용하여 현존하는 정신면, 신체면, 행동 면에서의 증상 및 장해의 악화를 저지하고 또는 그것을 제거하여 변용시키는 것뿐만 아니라 적극적으로 개성(personality)의 발전과 성장을 촉진하여 더 한층 자기실현을 가능하게 하고 그 개인이 존재이유(a way of being)를 재발견 내지 발굴할 수 있습니다. (佐治 奥村 保阪, 카운슬링에서 배운다, 東大出版会)

하지만 이러한 근원적인 문제에 대해 소홀히 하다가 자칫하면 기업에서 자체적으로 시행하거나 외면받는 서비스로 전락할 수 있음을 경계해야 할 것입니다.

필자가 이처럼 강조하는 이유는 근래 갑자기 전직지원에 대한 사회의 관심이 뜨거워지면서 여기저기서 전직지원을 자처하고 있는데 아무쪼록 내담자에게 바람직한 서비스를 시행함으로써 혼돈의 시대에 적절한 전직지원서비스로 제대로 정착하고, 아울러 실직자들에게는 희망과 비전을 주는 서비스로 더욱 성장하기를 바라는 마음에서입니다.

"우리들은 마음속에서 생각한대로의 인간이 된다. 우리를 둘러싸고 있는 환경은 우리 자신을 투영한 거울에 지나지 않는다."

100년 전에 살았던 제임스 알렌의 명언입니다.

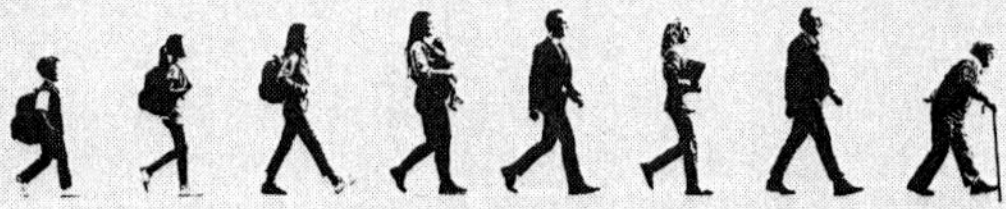

Ⅱ. 전직지원전문가와
역량

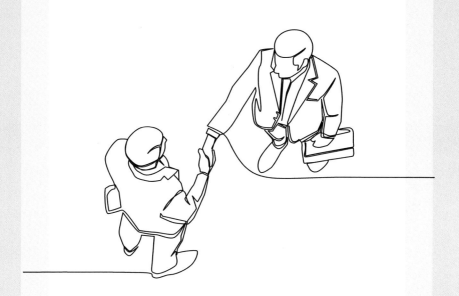

1. 전직지원전문가는
Career Transition Expert이다

제가 처음 Outplacement 회사에 입사했을 때는 자신들을 Career Transition Consulting 회사라고 부른다고 하더군요. 그제서야 비로소 제가 하는 일이 Career Transition에 관계되는 일이라는 것을 알게 되었습니다. 해당 회사와 경쟁관계에 있는 다른 Outplacement 전문회사의 소개자료에도 Career Transition Experts라고 자신의 회사를 소개하고 있었습니다. (… partner with the world's leading career transition expert …)

전직지원의 전직轉職이 Career Transition이라고 한다면 전직지원전문가Outplacement Expert는 Career Transition Expert라고도 할 수 있겠지요. 그럼 Career에 대해서는 앞에서 이미 다루었으니 이번에는 Transition의 의미가 무엇인지가 핵심이 되겠군요. 그래야 자신이 하는 일의 본질을 이해하게 되니까요. 거기에서

부터 출발하지 않으면 이야기가 성립되지 않겠지요? 그렇다면 Change와 Transition은 어떤 점이 다른가 하는 점입니다.

가장 쉬운 방법은 그 말을 처음 제창한 사람의 이야기를 듣는 것입니다.[26]

> "Change is not the same as transition. Change is situational. Transition is the psychological process people go through to come to terms with the new situation. ··· In other words, there can be any number of changes, but unless there are transitions, nothing will be different when the dust clears.[27]"

Transition은 Psychological process이며 Transition이 일어나지 않는 한 아무 것도 달라지지 않는다고 하고 있습니다. 브리지스는 이어서 강조합니다.

> "Change is external. Transition is internal."[28]

---

26 William Bridges, Managing Transitions − Making the Most of Change, 2009
27 when the dust clears is a way to say when everything is finished and the results are seen
28 William Bridges, 前揭書

이제 전직지원전문가는 심리적, 내면적인 분야에서 Expert임을 이제 누구라도 알 수 있습니다. 한 미국대학의 경력전환센타의 브로서에서도 'Career transitions are a Process Not Decision'이라고 강조하며 전직지원서비스는 심리적 프로세스를 지원하는 것이라 하더군요. 이전에 언급한 마음관리산업과 맥락상 같은 이야기입니다. 직업을 선택하는 것은 단지 Change이고 인생의 변화에 대처하는 내면적인 면에서의 새로운 잉태가 일어나는가 하는 것이 Transition이라는 것이지요.

이야기가 어려워지는 것 같아 사례를 들어 설명하겠습니다. 야스다 요시오는 「가능한 사람 불가능한 사람」에서 성장은 변화하는 것이라고 하였습니다. 애벌레가 큰 애벌레로 되는 것은 성장이라 할 수 없지요. 왜냐하면 능력의 대차가 없기 때문입니다. 애벌레로 변하고 그리고 나비가 되어 날개를 펼치면서 하늘을 나는 것이 성장입니다.

일도 마찬가지입니다. 오늘의 당신이 아무리 표면적으로 지식이나 세세한 노하우를 늘린다 해도 그것은 큰 애벌레가 되는 것에 지나지 않을 것입니다. 중요한 것은 우리 자신이 변화하는가 아닌가 하는 것입니다. 그러나 변화는 용기를 필요로 합니다. 왜냐하면 나비로 일단 변하면 다시 애벌레로는 돌아올 수 없기 때문이죠. 성장을 위해서는 어제까지의 자신을 버릴 필요가 있습니다. 그러지 않고서는 자신을 새로이 탈바꿈할 수 없기 때문입니다. 머리만으로 나비가 되는 것은 아니기 때문입니다.

애벌레가 큰 애벌레가 되는 것이 Change라면 나비가 되는 프로세스가 Transition이라고 할 수 있겠습니다. 결코 과거로 돌아갈 수 없는 길을 떠나야 하는 결심이 없고서야 고치 속으로 들어갈 수 없겠지요. 그런데 문제는 그런 결정을 개인이 쉽게 할 수 없다는 것입니다. 변화 속에 있는 내담자는 가능한 한 익숙하고 안정된 결정을 하려고 하기 쉬우니까요.[29]

"不安은 어떤 가능성 ─ 자신의 실존을 충족시킬 수 있는 가능성 ─ 이 그 사람을 향해 다가오는 그 시점에서 생기는 것"이라고 『존재의 발견』에서 롤로 메이Rollo May가 언급했듯이 불안을 떨쳐내고 아노미 상태라고도 하는 공백기간을 거쳐서 다다르는 것이

---

29 「내담자의 특성, 크럼볼츠」
　　① 내담자는 커리어 문제가 해결될 수 있는지 어떤지에 대해 자신이 없는 상태에 놓여있다
　　② 내담자는 커리어 선택에 있어 가급적 새로운 선택제안을 기피하며 익숙하고 덜 불안한 대안을 선택하는 경향이 있다
　　③ 내담자는 틀린 정보나 가설을 근거로 착각하기 쉬우며 그 결과 잘못된 선택을 할 수 있다.
　　④ 내담자는 자신의 잠재적 커리어를 확실하게 평가하지 못할 수 있으며 잘못된 학습을 하고 있는 경우가 있다
　　⑤ 내담자는 비현실적인 목표를 세우거나 자신이 세운 목표와 모순된 행동을 취한 경험이 있다
　　　　　　　　　　　　　　　　　　　　　　　　　(미야기 마리코, 커리어 카운슬링, 2008)

Transition이고 전직지원 서포트의 본질이라고도 하겠지요.

월리엄 브리지스의 표현을 빌리면 "익숙했던 과거 상황을 훌훌 털어내고 과거와 현재 사이에 가로 놓인 혼란과 고통을 무사히 견뎌내, 하나씩 극복해가면서 마침내 새로 시작하는 과정"이 Transition 입니다.

Transition은 종결, 공백, 새로운 출발의 3단계로 구성되어 있습니다.

〈Transition의 3단계〉[30]

Phase 1	Phase 2	Phase 3
종결Ending	공백Neutral	새로운 출발 New Beginning
• 상실감loss • 슬픔 • 자포자기	• 새 것과 옛 것과의 중간상태 • 탐색 • 창조와 혼돈	• 열정 & 불확실성 • 새로운 기회 • 갱신과 조화

모든 Transition은 무언가의 종결에서 시작됩니다. 새로운 것을 얻기 전에 옛것과 익숙한 곳에서 떠나야 합니다. 이때의 대표적인 감정이 바로 상실감Loss입니다. 그에 의하면 전환기가 닥치

---

30 Change Management, DBM 교재

면 지금까지 익숙했던 생활에서 이탈을 하게 되고 지금까지 자신을 지탱해 왔던 방식들이 통용되지 않는다는 것을 깨닫게 되면서 심각한 정체감 상실과 함께 장래가 불투명하고 행동의 방향을 종잡을 수 없는 방향감각 상실을 경험한다는 것입니다. 상실감으로 혼란을 겪는 경우 흔히들 "자기 자신을 잘 모르겠다"고 합니다. 이는 기존의 관념에서 벗어나 새롭게 변화하겠다는 의지와는 별개로 이미 과거 습관에 길들여진 자아와 상충되면서 발생하는 혼란입니다.

누구나 전환기를 맞아 새로운 출발을 하기 위해서는 바뀌어야 한다는 생각과 익숙했던 것들을 아쉬워하는 생각들이 교차하는 혼란과 갈등의 시기를 겪습니다. 마치 반대편 해안으로 가기 위해 부두에서 출발했는데 그곳에 선착장이 없음을 알아차리고 어쩔 수 없이 되돌아가려고 배를 돌렸지만 자기가 출발했던 부두마저 무너져 꼼짝없이 망망대해에 갇히는 상황과 비슷하다고 할 수 있겠습니다.

이 시기를 브리지스는 공백기간이라 합니다. 브리지스는 이 공백기간을 얼마나 능숙하게 잘 보내는가가 중요하다고 강조합니다. 그렇다고 이 기간에 겪게 되는 공허함에 굴복해서 무언가를 서둘러 저지르지 말고 그 기간에 체험하는 것을 의미있게 만

들기 위해 다음과 같은 구체적인 전략을 세우라고 조언합니다.[31]

① 혼자가 되는 특정한 시간과 장소를 만들어라 -고독 속에서
   자신의 내면의 소리를 들어라
② 뉴트랄존의 체험을 기록하라 - 마음이나 기분, 아이디어를
   기록하라
③ 자서전을 쓰기 위해 시간을 가져라 - 정리를 통해 과거와의
   결별
④ 이 기회에 정말 하고 싶은 것을 찾아라 - 고정관념이나 타인
   에 의한 영향을 배제하고 자신의 마음 속에 있는 것을 끄집
   어내보자
⑤ 만일 죽게 되면 무엇이 가슴에 남는지를 생각해 봐라 - 자신
   의 추도사를 써보는 것도 자기분석의 한 방법이다
⑥ 일정 기간 통과의례를 체험하라 - 공허의 여행

『전환기의 심리학』에서는 이를 매우 생생하게 표현하고 있습
니다.

"새로운 해석은 낡은 해석 속에서 숙성되어 절망이라는 현실의

---

31 William Bridges, Transition, Making Sense of Life's Changes에서 필자 번역후 재정리, 2004

검증을 이겨내면서 잉태됩니다."[32]

저의 블로그에 자신이 경험하였던 '심리적 프로세스에서 겪은 내면적인 과정'을 댓글로 달아주신 분의 글을 일부 소개합니다.

"저만의 성찰시간을 가진 후, 월급쟁이 근성을 버리고 사회의 처절함, 혹독함도 겪고 나서야 비로소 자신감을 회복할 수 있었으며 내가 갈 수 있는 길을 찾게 되어 나만의 장점이 적용될 수 있는 곳에서 종사하게 되었습니다."

필자도 전직지원회사에 들어와서 처음 공직자 전직지원을 하고 있을 때 이런 심리적 갈등을 겪었습니다. 연수원에서 내담자와의 약속 시간을 기다리면서 벚꽃이 피어 있는 창문 밖을 하염없이 내다보곤 했습니다. '내게 이 길이 맞는 걸까…, 이대로 가도 될까…' 끝없는 상념에 시달렸습니다. 그런 인고의 시간을 보낸 뒤 (브리지스가 말하는 공백기간) 어느 정도 경력이 쌓이고 나니 비로소 마음이 편해지고 해볼 만하다는 생각이 들더군요.

이제 변화관리의 변화는 Change가 아니라 Transition의 의미

---

32 Sugimura Takeshi, The Psychological of Turning Point, 2006

이고, 하나의 과목이 아니라 전직지원서비스의 모든 프로세스를 아우르는 것으로 전직지원서비스 그 자체라는 것, 그리고 내담자가 Transiton을 마칠 때까지의 전 과정을 심리적으로 Follow-up 하는 분야라는 것을 충분히 이해하셨으리라 생각합니다. 이와 같은 전직지원은 '애벌레가 단순히 큰 애벌레가 되는 것이 아니라 새로운 나비로 잉태되도록 돕는 일'로 비유할 수 있겠습니다.

> "미국인은 어릴 적부터 자주 이동하여 늘 바뀌는 환경에서 성장해서 항상 이동하고 싶다는 충동에 사로잡혀 있다. 그들은 잠시도 가만있지 못한다. 변화하는 것에만 익숙해 이동을 계속하는 것만이 인간의 본성이라고 믿으면서 죽어간다. 미국인들은 변화의 필요성을 느낄 뿐 아니라 변화를 사랑한다. 그러므로 그들은 변화의 과정에서 생기는 혼란스럽고 불안정한 상태가 불행을 의미하는 것이라기 보다는 오히려 기적을 가져다 주는 축복이라고 믿고 있다."[33]

---

33 William Bridges, 前揭書

2. 전직지원전문가의 역량 (1)
상담이 핵심역량

　이번에는 역량에 대해 알아보고자 합니다. 먼저 그 정의부터 알아보기로 하지요. 역량이란 일반적으로 능력이 있는 것, 능력의 정도를 의미하는데 좀 더 엄밀히 말하면 어떤 일(직무)을 수행하는 데 있어 필요한 지식이나 기능을 적용하기 위한 실증된 능력을 말합니다. 흔히 역량을 자격이나 업무경험 여부로 판단하는 경우가 많은데 이는 실태를 제대로 반영하기 어렵다고 하겠습니다. 국제표준규격기준인 ISO의 정의에 의하면 '역량은 실증가능해야 한다'고 규정하고 있는데 실증가능이란 실제로 능력의 근거를 납득시킬 수 있어야 하는 것이지요.

　영어회화의 역량을 예로 들어보면 쉽게 알 수 있습니다.

　　① 미국에서 3년간 살았다.

② 영어학원을 오래 다녔다.

③ 영어자격시험에 합격했다.

④ 통역을 할 수 있다

ISO기준으로 하면 역량은 ④이지요. 통역을 시켜보면 영어회화 역량은 금방 알 수 있죠. 통역이 되면 역량이 있는 것이고 못하면 역량은 없다는 것이 ISO의 기준인 셈이죠. 물론 ①, ②, ③의 경우도 영어회화에 관한 지식, 기능, 경험이 있는 것은 사실이지만 이러한 지식, 경험, 기능을 잘 사용할 수 있는가는 전혀 별개의 이야기이기 때문입니다. 우리나라에서도 그런 이유로 국가직무능력표준NCS제도를 적용하고 있습니다. NCS (National Competency Standards[34])는 산업 현장에서 직무를 수행하기 위해 요구되는 지식, 기술, 소양 등의 내용을 국가가 산업부문별, 수준별로 체계화(능력단위별 수행기준 명시)한 것으로 바로 실무에 투입 가능한 인재를 양성하기 위한 취지가 담겨있다고 하겠습니다. 이렇듯이 이제 역량은 실증된 능력이 아니면 안 된다는 것이 현재의 흐름이라 하겠습니다.

---

34 NCS기반 자격과정은 현장에서 일을 하는데 필요한 능력을 정확히 반영한 국가직무능력표준 (NCS)을 기준으로 편성된 교육·훈련과정을 정부가 인증하고, 이 과정을 충실히 이수하여 일정 합격기준을 충족한 사람에게 국가기술자격을 부여하는 제도로, NCS를 기준으로 교육·훈련과 정을 편성한 기관을 국가가 인증하고, 해당 교육·훈련과정에 참여한 교육 훈련생에 대하여 내부 및 외부평가를 거쳐 일정 요건(점수)을 획득하여 능력이 검증된 경우에만 자격을 부여하는 제도다.

그렇다면 전직지원전문가는 어떤 역량이 필요할까요? 국가직무능력표준NCS의 전직지원전문가 역량을 참고하면 다음과 같습니다.[35]

경청능력	평가도구운용기법
전직탐색 프로세스 이해	산업 및 직업세계에 대한 지식
전직 관련 정보 수집 분석	의사소통 기법
지속적인 동기부여능력	자신을 드러내는 에티켓
전략적 마케팅 및 기획스킬	플랫폼 운영 역량

한편 미국의 대표적 자격과정인 CDACareer Development Advisor는 다음 12가지를 습득해야 할 능력이라고 규정하고 있습니다.[36]

지원하는 스킬(상담스킬)	고유 니즈를 가진 사람들에 대한 대응 (고령자, 여성, 장애인 등)
윤리적, 법률적 문제	지도와 학습
커리어 발달이론	어세스먼트
테크놀로지	노동시장 정보 및 자원
구직활동 스킬	트레이닝
프로그램 관리 및 실시	보급 및 PR

---

35 표성일, 노경애, 전직지원컨설턴트 역량, 지식 및 스킬, 전직지원2030
36 CDA textook

일본의 경우는 미야기 교수가 커리어컨설턴트에게 요구하는
능력을 소개합니다.[37]

커리어 발달이론	커리어 상담의 지식과 기술	심리학, 행동과학에 대한 지식
경영인사제도, 노무관리, 인적자원관리, 인재개발, 능력개발 지식	멘탈 헬스	다양한 사람들에 대한 대응
윤리와 법률상의 문제	커리어 개발지원	어세스먼트
컴퓨터 활용	노동시장 정보	취직활동 지원 기술
연수 훈련	(커리어 개발) 프로그램 실시 관리	(커리어 개발) 보급과 PR

　이 중에서 무엇을 핵심역량으로 여기고 있는지는 미국의 커
리어제도[38]를 도입해 점차 자국의 실정에 맞게 정착시켜가고 있
는 일본의 자격과정 사례를 들어보고자 합니다. "왜 하필이면
일본이냐?"라고 하는 분이 계시겠지만 미국은 당초부터 Open

---

37 미야기 마리코. 前揭書
38 커리어 카운슬링이 발달된 미국의 경우 그 역사도 길고 커리어 카운슬러 자격도 운영하고 있다.
　　정식으로 커리어 카운슬러가 되기 위해서는 대학원 석사과정에서 60단위를 취득해야 하고 석사
　　과정으로는 실제로 2학기 동안의 인턴연수를 두어야 한다. 석사과정 수료 후 정해진 규정에 따
　　라 슈퍼바이저 밑에서 커리어 상담 실습훈련(캘리포니아 주의 경우 1,540시간)을 해야 한다. 그 후
　　전문가 두 명의 추천에 의하여 카운슬러 자격시험을 볼 수 있고 합격해야 비로소 미국 공인 커
　　리어 카운슬러(NCC, NCCC)자격을 부여받는다. (미야기 마리코, 前揭書)

market 노동시장이었지만 일본은 우리처럼 Closed market 노동시장이었다는 점, 게다가 전직지원의 경우 우리와 유사한 점(구직경력이 없는 등)이 많기 때문에 참고가 될 것이라 생각합니다.

 일본의 경우는 우리처럼 전직지원전문가 제도는 없고 민간자격인 표준레벨 커리어컨설턴트와 국가기능자격인 1~2급 커리어컨설팅기능사 제도로 운영되고 있습니다. 국가기능자격은 민간자격의 상위자격으로 위치하고 있는 셈이지요. 표준레벨 커리어컨설턴트(민간자격)는 2002년부터 국가가 인증한 교육기관을 선정하여 양성 및 평가를 하고 있는데 현재 19곳(2021년 현재)에서 운영되고 있다고 하네요. 2008년부터 실시한 국가기능자격인 커리어컨설팅기능사의 경우 2급은 최소 3~5년의 실무경력을 필요로 하는데 표준레벨 커리어컨설턴트 자격 취득자는 3년의 실무경력만 축적하면 응시가 가능합니다. 시험은 학과시험 및 실기시험(논술과 롤플레잉 20분, 질의응답 10분)으로 구성되는데 제도 시행이 15년이 지난 시점의 자료(2022)에 의하면, 자격제한(실무경험), 응시횟수 제한 등의 원인도 있지만 무엇보다도 실기시험(상담 롤플레잉)의 합격률이 낮아 2급 자격취득자가 표준레벨 커리어컨설턴트자격 전체 취득자의 20%도 안되는 실정입니다. 1급은 1%에 불과합니다.

통역을 시켜보아야 영어회화 능력을 알 수 있듯이 일본에서는 커리어컨설팅기능사(전직지원전문가)의 실증가능한 역량은 실무경험, 자격과정 이수 등 응시요건 및 학과시험이외에도 롤플레잉을 통해 상담능력을 증명해야만 국가기능자격자로 등록시키는 방식으로 커리어 전문가의 상담역량의 질質을 유지하고 있음을 알 수 있겠습니다.

필자는 우연한 기회에 당시 일본의 지정교육기관 중 두 곳에서 자격과정을 이수하게 되었는데 강의보다는 실습 중심으로 진행되었던 기억이 납니다. 최근 커리큘럼을 보니 필자가 이수할 때보다 기간도 훨씬 더 늘었고 당시보다 상담스킬 및 상담이론 시간이 대폭 증가한 걸 보니 당국의 제도운영에 대한 최근의 흐름을 반영한 듯합니다. (CDA과정: 총 140시간 內 상담스킬 70시간) 한마디로 일본은 상대적으로 민간자격의 상위자격에 해당하는 커리어컨설팅기능사 자격 취득에 반드시 필요한 상담스킬역량을 습득하기 위해 전국의 커리어컨설턴트들이 불철주야 노력하고 있는 중이라 볼 수 있겠습니다. 일본 사례로 비추어본 커리어컨설팅 분야 (전직지원전문가도 여기 해당)에서의 핵심역량은 한마디로 Man to Man 스킬, 상담역량입니다. 앞으로 상담역량이 뒤떨어지는 전직지원전문가는 (적어도 일본에서는, 미국포함) 상상할 수 없을 것으로 보입니다.

3. 전직지원전문가의 역량 (2)
전직지원상담은 커리어 상담이다

"앞으로 제가 어떤 일을 하면 좋겠습니까?"

"무얼 하라고 시키면 잘하겠는데 무엇을 할 계획이냐고 물으니 정말 난감하네요"

제가 전직지원회사에서 근무할 때 내담자들에게서 가장 많이 받은 질문입니다

이처럼 갑작스런 퇴직이나 전직이라는 변화를 겪는 내담자들에 있어 정작 부딪친 어려움은 '나는 누구인가', '무엇을 하는 사람인가', '무엇을 하고 싶은가' 하는 갈등과 혼란들이었습니다.

그래서 재취업의 요령을 알려주는 것보다 중요한 것이 오랫동안 조직이라는 제도화된 환경 속에서 잊고 있었던 자신의 정체

성의 재발견을 도와 자신감을 회복하고 잠재능력을 발휘하면서 지속적, 능동적으로 새로운 역할을 추구하도록 서포트하는 것임을 현장에서 깨닫게 되었습니다.

그렇지만 초기에 아직 커리어 상담에 대해서는 잘 알지 못했던 필자가 커리어상담을 접하게 된 것은 마침 필자가 판권을 보유하고 있던『커리어 카운슬링』의 저자 미야기 마리코宮城まり子 전 법정대학 커리어디자인학부 교수[39]와의 인연으로 교수가 진행하는 커리어컨설턴트 자격과정을 다니게 된 것이 계기가 되었습니다.

커리어 상담의 시작점으로 평가되고 있는 미국은 100년 이상의 긴 역사를 가지고 있는 반면, 일본은 20세기 말에 이르러서야 본격적으로 관심을 갖기 시작하였고, 최근에는 일본에서 가장 주목할 만한 상담으로 인식되고 있습니다. 전직지원상담은 커리어 상담의 대표적인 상담입니다

---

39 미야기 마리코(宮城まり子) 커리어심리학연구소 대표. 일본 산업카운슬링학회 명예회장. 전 법정대학 커리어디자인학부 교수. 임상심리사. 캘리포니아 주립대학대학원 교육학부 카운슬러교육학과 연구유학 커리어 카운슬링 전공(1997~1998)

● 커리어 상담의 정의

커리어 상담의 정의를 미국 NCDA National Career Development Association에서는 "개인이 커리어에 관한 문제나 갈등의 해결과 함께 라이프커리어상의 역할과 책임의 명확화, 커리어 계획, 의사결정 기타 커리어 개발행동에 관한 문제해결을 개인이나 그룹으로 상담에 의해 지원하는 것"[40]이라고 규정하고 있습니다. 즉 개인과 일의 매칭적 사고에서 탈피하여 라이프커리어 상의 고민이나 문제를 갖고 있는 사람의 정신적 케어, 심리적 문제 해결 등의 서포트를 중시하는 것입니다. 왜냐하면 사람은 정서적인 문제해결을 통해 정신적 안심, 즉 안정감을 가져야 비로소 자신의 현실과 장래를 냉정하고 객관적으로 받아들이고 건설적으로 장래 라이프커리어의 방향을 생각하게 되기 때문이지요.

아울러 커리어 연구자인 허E. L. Herr는 커리어 상담을 "내담자와 카운슬러의 다이나믹하고 협력적인 관계 속에서 생기는 언어적인 프로세스다. 내담자가 자기이해 또는 선택대안에 대해 충분히 이해를 한 후 자신의 책임하에서 라이프커리어에 관한 의사결정을 할 수 있도록, 카운슬러는 다양한 기법이나 프로세스 레퍼토리를 이용하여 내담자를 지원하는 것이다"라고 정의하였습

---

40 CDA(Career Development Advisor) textbook

전직지원 일보다 사람이 먼저다

니다. 그는 앞으로 커리어 카운슬러는 개인상담이 가능해야 한 다고 강조하면서, 일에서의 스트레스, 실업, 커리어 트랜지션에 대한 서포트, 실업자의 분노, 개인적인 걱정의 발산기회 제공 등 이 요구되고 있기 때문이라고 했습니다.[41]

渡辺(와타나베) 교수도 커리어 카운슬러는 커리어 형성, 커리어 플랜, 직업선택에만 초점을 두지 말고 전인격적, 전행동적, 생애 발달적 시점, 멘탈 헬스적 시점을 갖지 않으면 현실적으로 대응 이 어렵다고 했습니다.[42]

미야기 교수 역시 커리어 상담은 단순히 개인과 일을 매칭시 켜 직업을 찾아주는 데에만 사용되는 상담이 아니라고 합니다. 또한 "커리어와 관련된 문제가 있는 사람은 동시에 정신적으로 도 다양한 문제를 안고 불안 속에서 갈등하고 있으므로 정신적 케어나 심리적인 문제해결의 서포트는 상담에서 매우 중요한 부 분이 된다. 그러나 커리어 상담과 멘탈 상담의 경계를 명확하게 분류할 수 없으므로 커리어 지원을 할 때에는 커리어에 관한 문 제와 정신적인 문제를 능숙하게 통합시킬 필요가 있다"고 강조 했습니다.[43]

41 Herr, 조직과 커리어 카운슬러 강연, 2003
42 와타나베 미에코, 일본에 있어서의 커리어 카운슬링의 과제, 2003
43 경우에 따라 커리어보다 정신적인 문제가 더 심각하여 우선적으로 심리치료에 전념하는 편이

● 내담자 중심요법Client-Centered Therapy

내담자 중심요법의 창시자 칼 로저스는 상담에 있어 내담자와 적절한 풍토와 관계나 조건을 만들 수만 있다면 거의 모든 치료적 프로세스는 내담자에게서 생긴다고 하면서 상담자에게 다음과 같이 3가지 태도와 요건을 강조하고 있습니다.[44]

먼저 '관계 안에서 진실이 있을까'입니다. 칼 로저스는 상담자가 그러한 특성을 가지게 되면 상담자는 관계 안에서 완전히 하나가 된다고 합니다. 자신이 투명하다는 것, 즉 내담자가 상담자를 어느 방향에서 관찰하더라도 안에 아무것도 감추는 것이 없음을 알게 된다는 것이죠. (자기일치)

다음은 '상담자가 상대를 중요하게 여기고 배려를 하면서 상대를 대하는가'입니다. 칼 로저스에 의하면 치료의 과정과 건설적인 변용은 상담자가 상대를 자발적인 마음으로 마음속에서부터 한 사람의 독립된 인격체로서 존귀하게 대하고 있을 때 일어난

효과적이라고 판단된다면 전문가 (정신과의, 임상심리사 등)에 의한 심리치료를 무엇보다 우선해야 할 것이며, 이러한 진단과 결정 역시 커리어 카운슬러의 중요한 몫이다. (미야기 마리코, 커리어컨설턴트 과정 강의 중에서)

44 '글로리아와 3인의 세라피스트' '내담자 중심 · 게슈탈트 · 논리' 요법의 기록 참조하여 필자 재정리, 일본정신기술연구소, 1980

다고 합니다. 만일 그것이 있다면 보다 건설적인 관계가 되어 간다는 것입니다. (수용)

마지막으로 상대의 내면을 內側에서 이해하는 것, 즉 '상대의 내면을 그 사람 눈으로 보는 것이 가능한가'입니다. 그 사람이 어떤 감정을 가지고 표면적 의미만이 아니라 그 말에 있는 감정마저도 이해할 수 있을까 하는 것이죠. (공감적 이해)

상담자가 이러한 세 가지 태도와 요건을 갖추면 내담자에게 어떤 일이 일어날까요?

내담자는 깊숙히 내재된 자신의 감정과 태도를 알게 되면서 이전에는 느끼지 못했던 자신의 숨겨진 면을 어렵지 않게 발견하게 됩니다. 또한 상담자가 자신을 존중하고 있다는 것을 알게 되면 내담자도 자신이 소중한 존재임을 새삼 느끼게 됩니다.... 자신의 체험이나 내면의 변화를 눈치채지 못했던 내담자는 지금 이 순간 자신 속에서 일어나고 있는 변화를 느끼고 파악하기 시작합니다. 자기 부정에서 보다 깊은 자기수용으로 이동하고 관계를 두려워하다가 보다 직접적으로 관계하는 방향으로 상담자와 만나게 됩니다.[45]

45 '글로리아와 3인의 세라피스트'에서 필자 발췌 재정리, 일본정신기술연구소, 1980)

내담자 중심요법에 근거한 커리어 상담은 상담자의 자기일치, 수용, 공감적 이해의 세가지 기본태도에 근거하여 내담자를 있는 그대로 따뜻하게 수용하고 경청하면서 내담자의 커리어 상의 문제를 정리하고 내담자의 자기통찰과 자각(깨달음)을 촉진하며 라이프커리어 상의 자기개념을 명확히 하고 자기불일치 상태에서 자기일치로 이끄는 것 등을 주요한 목표로 합니다.[46] 내담자의 심리적 적응의 달성, 커리어에 관한 다양한 문제해결의 서포트를 행하므로 커리어 상담을 굳이 심리적·정서적 문제를 다루는 심리상담과 나누어서 생각할 필요가 없습니다. 내담자 중심요법은 내담자의 깊은 자각(깨달음)을 촉진하고 자기이해를 깊게 하여 문제해결로 이끄는 기본적인 방법으로 커리어 상담의 다양한 어프로치의 근간을 이루고 있습니다.

● 커리어 상담의 특징

---

46 내담자 중심요법에 의한 커리어 상담은 내담자의 아이덴티티의 명확화와 그것에 근거한 커리어 목표의 선택, 자기실현의 지원을 기본적인 목표로 한다. 커리어 상담의 기본원칙은 다음과 같다.
  – 상담자는 내담자의 자기실현과정을 촉진하는 태도와 구체적 행동을 취한다.
  – 상담 시작시에는 내담자가 가지고 있는 커리어 상의 문제에 초점을 맞춘다.
  – 내담자의 아이덴티티를 명확하게 하며, 필요에 따라 직업 · 직무의 선택을 지원하고 의사결정을 촉구하기 위한 심리검사나 정보제공을 행한다.
  – 내담자 중심요법의 커리어 카운슬러는 직업 · 직무를 통하여 내담자가 자기실현을 하는 데 도움이 되는 상담스킬과 커리어 정보를 갖추어야 한다.
  (미야기 마리코, 커리어 카운슬링, 2008)

커리어 상담은 상담의 원점이 되는 기본자세를 내담자 중심 상담에 두고 문제 내용이나 상황에 따라 그 밖에 다양한 기법을 유연하게 활용하며 폭넓은 정보수집과 진단, 조언 및 정보제공을 하는 포괄적 통합적 상담기법에 의한 어프로치, 즉 절충적 상담[47]이라고 할 수 있습니다. (따라서 커리어 카운슬러는 다양한 상담이론을 통합하는 절충적, 포괄적인 고도의 상담스킬이 요구되며 내담자가 갖고 있는 심리적인 부분을 포함한 커리어 문제에 유연하고 효과적으로 대응할 수 있는 실력이 필요합니다. 이처럼 커리어 상담에는 상담에 대한 지식과 기술에 관한 고도의 전문성이 요구되므로 커리어 상담이 심리상담보다 평이하다거나 간단한 공부나 트레이닝으로 바로 커리어 카운슬러를 양성할 수 있다는 안일한 생각은 고쳐져야 합니다)[48] "나는 무엇을 하고 싶은가? 무엇이 중요한가?"를 깊이 깨닫게 되면 그때 조언과 정보제공을 합니다. 깊이 깨닫게 하는 부분Mental support과 정보를 제공하는 부분Life career support으로 나누어집니다.

---

47 상담에는 ① 내담자의 깊은 자기 통찰, 자기이해를 촉진하고 스스로 깨달아 주체적으로 변용, 행동하는 것을 목표로 하는 비지시적 상담 ② 구체적으로 지시하여 지도 정보제공을 하는 상담가 주도의 지시적 상담, ①, ② 요소를 합친 절충형 상담이 있다.
48 미야기 마리코, 前揭書

한편 커리어 상담은 개인의 적성, 능력 등을 고려하고 개개인이 주체적으로 자신의 성장발달, 능력개발을 서포트해서 개인의 잠재능력을 이끌어 내어 최대한 발휘하도록 하여 자기다운 라이프커리어의 실현을 지원한다는 측면에서 육성개발상담이라고도 합니다.[49]

* 참조 1) 임상상담과 커리어 상담과의 차이[50]

故 기무라 아마네(木村 周, 일본산업카운슬링학회 특별고문, 전 츠쿠바대학 교수)에 의하면 커리어 상담은 따뜻한 신뢰로 가득찬 인간관계와 자기일치, 수용, 공감적 이해 등의 기본적 태도 및 상담자의 언어에 의한 커뮤니케이션 기능의 습득 측면에서는 임상상담과 다름없지만, 전직선을 정하거나 직장을 이동하는 등 구체적인 목표를 달성해야 하는 측면에서 다음과 같이 7가지 다른 특징을 가지고 있다고 하였습니다.

- 상담의 목적이 문제행동 제거 및 치료에 있지 않고 보다 나은 적응과 성장, 개인의 발달을 지원하는 데 중점을 둔다.
- 직업선택, 커리어 형성 등 구체적인 목표 달성을 중시한다.
- 상담 프로세스를 체계적으로 진행하는 시스템 어프로치를

---

49 상담에는 치료상담, 예방상담, 육성개발상담이 있는데 커리어 상담은 육성개발상담에 해당한다.
50 기무라 아마네(木村 周), 커리어 카운슬링의 이론과 실제, 현대적 의의, 1997

지향한다.

- 특정 상담이론이나 기법에 의존하지 않고 다양하게 시도한다.
- 상담이 자기이해, 직업이해, 계발적 경험, 진로 직업의 선택, 직장 적응 등과 일체가 되어 행해진다.
- 상담 만이 아니라 컨설팅, 협력, 교육의 기능을 병행한다.
- 학교, 직업상담기관, 기업 등 각 분야에서 널리 행해지고 있어 이들과의 연계를 중시한다.

* 참조 2) 커리어 상담의 위치

커리어 상담은 개입수준은 비지시적 경청에서 지시적 개입까지 폭 넓으며 내담자 의식의 표층에서 주로 사회, 일과 자신의 적응을 도모한다.

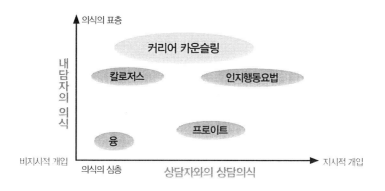

● 커리어 상담 단계

커리어 상담의 진행은 다음 7가지 단계로 나누어서 생각할 수 있습니다.[51]

Step 1) 신뢰관계의 구축
Step 2) 커리어 정보의 수집
Step 3) 어세스먼트
Step 4) 목표설정
Step 5) 과제의 특정
Step 6) 목표달성을 향한 행동계획
Step 7) Follow-up, 평가 및 관계종료

히로카와 스스무 교수는 '① 관계구축 - ② 어세스먼트 - ③ 목표설정 - ④ 종료와 팔로우업'의 순으로 진행된다고 하면서 상담 과정에서는 관계구축이 기본이지만 커리어 상담은 목적지향으로 성과, 결과도 확실히 나타나므로 상담 전 과정에서의 개입, 즉 감정개입(자존심 상처의 회복), 인지개입(믿음을 바꿈), 행동개입(실행 가능 목표의 설정), 체계개입(내담자 환경 전체에 대한 관여)의 필요성도 강조하고 있습니다.

---

51 미야기 마리코, 前揭書

● 커리어 발달이론

NCDA(미국경력개발협회)에서 "전문가로서 커리어카운슬러가 최소한 가지고 있어야 할 역량이 무엇인가"를 1991년에 발표하였는데 가장 첫 번째가 바로 커리어 발달이론입니다. 즉 생애에 걸친 발달적 과제는 물론 커리어 상담이론모델 및 그와 관련한 상담기법과 정보기술을 제일 먼저 꼽은 것이지요. 그 다음이 개인 집단 상담 스킬이었습니다.

渡辺(와타나베) 교수는 저서 『커리어 심리학』[52]에서 대표적인 커리어 발달론 연구자들의 이론과 상담에의 응용을 소개하고 있습니다. 전직지원전문가로서 알아두어야 할 이론이라고 생각합니다.[53]

① 도날드 슈퍼 - 자기개념을 중심으로 한 커리어 발달
② 존 홀란드 - 환경과의 상호작용을 통한 커리어 행동의 발달
③ 존 크롬볼츠 - 학습이론에서의 어프로치(의사결정 요인 및 계획된 우연 이론)

---

52 渡辺三枝子(와타나베 미에코) 편저, 커리어 심리학, 2007
53 渡辺三枝子(와타나베 미에코)는 이들 커리어 행동 연구자들의 이론적 배경, 타 이론가와의 관계, 심리학에서의 위치들을 감안하여 커리어 발달론 조감도를 작성했다. 여기서 어프로치는 각 연구자가 어디에 착목하고 있는지를 표시한 것이다. 특성이론 어프로치(파슨스), 정신역동 어프로치(보딘, 로, 에릭슨, 레빈슨 등), 발달론 어프로치(긴즈버그 뷜러 등), 학습이론 어프로치(반두라)의 어프로치 성과가 각각 커리어 발달론으로 통합되어 있는 것이다.

④ 해리 겔라트 - 커리어 발달에 있어서의 의사결정 (의사결정 및 긍정적 불확실성)

⑤ 에드가 샤인 - 조직내 커리어 발달(커리어 앵커와 커리어 서바이블)

⑥ 낸시 슐로스버그 - 인생의 전환기와 그 대처

⑦ 더글라스 홀 - 관계성 어프로치(프로티언 커리어)

⑧ 서니 한센 - 통합적 커리어 발달

⑨ 마크 사비카스 - 커리어 구축이론

〈커리어 발달론 조감도〉

(『커리어 심리학』의 조감도에서 주요부분을 발췌하여 필자가 재정리)

주1) 괄호 안의 연도는 대표적인 연구발표년도
주2) 연구업적은 필자가 보완 재정리

(渡辺三枝子 와타나베 미에코 편저, 『커리어 심리학』, 2007)

전직지원 일보다 사람이 먼저다

4. 전직지원전문가의 역량 (3)
인간에 대한 서비스

'인간은 기계가 아닙니다.'

갑자기 무슨 뚱딴지같은 말이지? 하는 분들도 계시겠군요.

> "'차의 본넷을 열고 여기 좀 보세요. 저기 저 실린더 옆에 부풀
> 어 올라 있는 것이 보이시죠? 그게 두 번째 카뷰레터입니다'라
> 고 말하는 수리공이 있는가? 또 자동차를 몇 년 몰았다고 해서
> 기아가 5단 변속으로 성장하는 일이 일어날 수 있는가?"[54]

월리엄 브리지스가 말한 이 비유는 '기계의 생산은 제품을 생
산하여 사용할 수 있게 되면 공정이 끝나고 나머지는 수리하는
것만이 남을 뿐이다. 만일 사람을 기계라고 생각한다면 자동차

---

54 William Bridges, 前揭書

처럼 생산하는 시기, 활동하는 시기, 해체되는 시기로 나누는 수밖에 없는데 이런 생각은 시대착오적이다. 사람은 변화하고 성장한다'는 이야기입니다. 기계는 변화가 생기면 어디엔가 고장이 난 거지만 사람은 변화가 오면 과거의 자신을 넘어 새로운 성장의 프로세스를 거치는 것이지요. 게일 시이도 '성인이 한 단계에 친숙한 후에 다음의 미지의 단계로 이행할 때 예기치 못한 장애를 만나게 되는데 이 시기는 위기가 아니라 기회로 또 다른 성장의 과정이다'라고 하였습니다.

내담자처럼 Transition을 경험하는 사람은 각각의 인생주기의 영향도 받습니다. 인생주기에 대한 새로운 생각이 바로 생애발달심리학Life Span Developmental Psychology[55]입니다.

즉 '사람은 살아있는 한 발달과 진보를 거듭하는 존재'로서 나이 듦에 대한 긍정적인 사고를 하는 겁니다. 즉 '중장년은 나이가

---

55 생애발달심리학은 1970년에 출간된 책(독일 생애발달심리학자 발테스 등)에서 처음 사용된 단어로 인간의 수태 · 탄생부터 노년까지의 평생의 라이프 코스를 통해, 어떠한 항상적인 심리적 특성이 존재하는지, 어떠한 양적 변화나 질적 변화를 일으키는 심리적 특성이 작용하고 있는지 등을 연구하는 것이다. (그동안 중고령의 발달 연구가 계기가 되었다고 한다) 하비거스트나 에릭슨과 같이 일반적인 위기와 발달 과제의 파악이라는 시점에 그치지 않고, 인간의 발달을 사회 문화적 문맥 속에서 사회적 스트레스에 대해 적극적인 대처 행동을 취하고 자기 실현을 목표로 항상 자신의 힘을 계속 발휘하는 과정으로 파악하는 것을 목표로 하고 있다. 그 때문에, 생애발달심리학에서는 지혜나 숙달이라는 개념이 중요한 키워드가 되어, 심리학의 틀을 넘어 인류학,사회학, 생물학 등과의 학제적인 연구가 진행되고 있는 연구 영역으로 되어 있다. (TERADA 의료 복지 컬리지 편집부, 필자가 재정리)

들면서 일률적으로 쇠퇴하는 것이 아니라 자신의 유능함을 한층 더 늘려가는 존재'라는 것이죠.

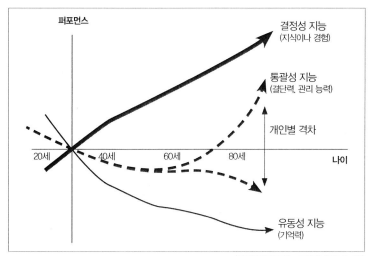

〈Horn and Cattell(1967) 3가지 지능의 퍼포먼스〉

(이시형, 『공부하는 독종이 살아남는다』)

영어권의 발달심리학 문헌에서도 Old라는 말 대신 Aged, Elderly 등 나이듦에 대해 긍정적으로 생각하고 Beautiful Aging 이라 하여 젊은 사람들에게는 없는 지혜나 커리어로 자신의 내적 성장을 도모하면서 사회에 공헌하는 존재로 바라보고 있습니다.

"우리의 삶에는 신체적, 심리적, 영적靈的 영역 등 다양한 영역들이 서로 유기적으로 관계를 맺고 있습니다. 신체적 영역은 물론 나이가 들면서 뚜렷하게 퇴보하지만 대인관계 능력과 같은 심리적 영역은 특정 나이가 지나도 쇠퇴하지 않습니다. 오히려 성인이 되어서 더욱 발달하게 됩니다. 또는 세상을 이해하는 능력도 나이가 들면서 더욱 깊어집니다. 또한 삶과 죽음의 의미 등에 관심을 갖거나 절대자와의 관계에 관심을 갖는 영적인 영역은 나이가 들수록 더욱 깊어지고 심오해집니다."[56]

특히 생애발달심리학에서 최근에 연구를 해온 영역은 지혜입니다. 인생의 문제해결 능력이죠. 이를 연구해온 발테스 등은 지혜를 '인생에 있어 중요하지만 불확실한 일에 대한 좋은 판단능력'이라고 정의하면서 연령이 높아질수록 나타날 가능성이 높다는 것입니다.

몇 년 전에 상영된 영화 〈인턴〉은 이 영화를 본 젊은이들이 한결같이 나이 든 연장자에 대한 기존의 부정적 사고가 바뀌게 되었다는 의견이 많았던 화제의 영화입니다.

영화 속에서 '벤'은 인턴이라고 어린 직원들이 무례하게 일을

---

56 한성열, 글로벌 이코노믹, 2021

시키고 자신의 업무능력을 의심하는데도 꼬박 꼬박 존칭을 사용하며 묵묵히 어떤 일이든 도우려고 하는 인간력, 여러 가지 사안이 생길 때마다 경험에서 나오는 순간순간의 기지를 발휘하는 등 중장년이 갖고 있는 매력적이고 이상적인 숙련력 발휘가 돋보였습니다. 그리고 영화 속에서 벤이 말하는 "경험은 바래지 않는다Experience never gets old"는 명대사는 퍽 인상적이었지요.

〈벤의 숙련력 발휘 내용〉

- 새로운 것에 도전
- 의뢰받은 것은 무엇이든 받아들임
- 스스로 일을 찾아 일한다
- 주제넘게 나서지 않음 (조언역)
- 조언은 짧고 조심스럽고 타이밍 맞게
- 과거 이야기는 묻지 않는 한 이야기하지 않는다
- 자신의 스타일을 중시
- 청결하고 몸가짐을 바르게
- 상사와 사원간의 가교역
- 커뮤니케이션 (경청능력)

'벤'의 전화회사에서의 실무경력보다는 숙련력 발휘가 도움이 되었던 것처럼 오랫동안의 직업경험을 통해 축적해온 응용력, 암묵지, 그리고 높은 수준의 대인관계 능력이 중장년의 경쟁력이라 할 수 있습니다. 여기서 암묵지란 직관, 통찰력, 스킬, 센스, 테크닉 등 소위 심층 지식이나 학습을 통해서가 아닌, 일이나 직장 경험을 통해 얻을 수밖에 없는 직업적 지혜를 말합니다. 그저 많이 안다고 조언하는 것이 아니라 CEO와 젊은 동료들과의 가교 역할, 즉 경험 풍부한 인생 선배로 쌍방의 고민을 진지하게 마주하되 결코 강제하지 않는 어드바이스를 타이밍 맞게 해주는 장면들은 고도의 대인관계 능력을 잘 나타내주고 있습니다. 높은 수준의 상담 능력, 조정 능력, 그리고 '벤'이 젊은 동료들에게 호감을 가져온 지식이나 기술을 가르치는 육성력 등도 이에 해당합니다.

핀란드 산업보건연구원에서 발표한 중장년층의 경쟁력 요소를 '판단력, 통찰력, 의사소통 능력, 책임감, 성실성, 풍부한 업무 경험, 배움에 대한 열의' 등으로 발표한 것도 경쟁력을 단순히 업무 전문성에 둔 것이 아니라 오랜 경험의 축적에 의한 암묵지, 대인관계 능력과 태도 등에 둔 것도 같은 맥락에서입니다.

또 우리들은 전직지원전문가로서 다양한 사람들을 만나는데 특히 중년기 심리특성을 잘 이해하는 것이 중요합니다. 사추기思秋期라고도 불리우는 중년기는 커리어가 불안한 시기여서 그 불

안과 맞서야 합니다.[57]

"60세 정년으로 회사는 끝나지만 나는 70세까지 가능한 것을 하고 싶습니다. 그래서 40세부터 도전해서 자격을 취득하고 싶습니다. 그래서 55세에 자립하는 거죠. 지금부터 10년간 준비해서 60세가 넘어도 사회에 공헌할 수 있는 사람이 되고 싶습니다. 60세부터 매일이 일요일인 인생은 싫습니다."[58]

- 40세 전후의 직장인 내담자

아울러 가족관계의 변화, 신체의 변화와 함께 '이대로 내 인생은 끝나는 것인가?', '아에 사회에서 퇴출되는 것은 아닌가?' 하는 두려움이 엄습하면서도 아직은 할 수 있다는 생각에 망설임과 갈등이 교차하는 시기입니다.

청년기가 대외적인 자기확립이 중심이 된 외적 세계에 적응하는 시기라 한다면 중년기는 자신의 한계와 인생의 유한성을 깨닫고 내면의 세계에 적응하는 전환의 시기입니다.

---

57 Career Plateau(경력 고원): 조직 내의 승진과 승격과 같은 경력에 막힘을 느끼고 자기 긍정감과 동기 부여가 손실되어 성장 기회를 잃는 상태를 말한다. 자신의 능력이나 승진·출세 등의 길에 한계가 보이는 중년기에 방문하는 경우가 많다. 이 정체된 상태에서 벗어나기 위해서는 조직인으로서 경력을 형성하고 있던 상황을 재검토하고 프로티언커리어(II장 8. 참조)에 의해 자아를 되찾는 것에 있다. 역할이나 장소에 고집하지 않고 긴 관점에서 자신의 성장과 과제를 바라보는 것이 중요하다. (Ryusuke Tawaraya, 프로티언 커리어란, Mazrica Times, 2021)
58 미야기 마리코, 커리어 서포트, 2006

"입사해서 몇 년, 결혼해서 몇 년, 자녀가 태어나서 몇 년 하는 식으로 시작에서 자신의 인생을 바라보다가 40세가 넘으면 정년까지 몇 년 남았나를 생각하기 시작합니다. … 부친이 78세에 죽었다고 한다면 나는 이제 몇 년 남았나 하는 인생의 마지막을 의식하여 역으로 인생을 전망하기 시작합니다. 소위 시좌視座[59]의 역전이죠"[60]

지금까지의 삶이 조직의 요구에 맞추기 위해 가정을 꾸리고 자녀들을 뒷바라지하기 위해 정신없이 달려온 삶이라고 한다면 남은 인생은 "정말로 내 인생에서 하고 싶은 것은 무엇일까?", "지금까지 하지 못했던 것은 무엇인가?" 하고 그동안 돌보지 못했던 자신을 위해 살고 싶다는 마음이 절실해지는 시기이지요.

중년을 인생의 정오로 비유한 칼 융은 오전의 인생에서는 영원해 보였던 목표와 야망들이 오후에 들어서는 그 의미를 잃게 되면서 무언가 빠진 것 같아 생기는 불안함과 우울함, 침체를 경험하게 되므로 오후의 인생을 위해서는 분명한 삶의 의미와 목적을 가지고 있어야 한다고 하였습니다. 즉 오전에 사회문화의 제약이나 역할, 의무 속에서 제도화되어 놓치고 있었던 자신의

---

59 시좌(視座): 개인이 자기 입장에서 사회를 보는 시점
60 미야기 마리코, 前揭書

내적 욕구나 본래의 참모습을 추구함으로써 자신의 개성화를 이루는 시기가 오후라는 것입니다.

"우리는 인생의 오후를 아침 프로그램으로 살 수 없다. 왜냐하면 아침에 위대했던 것들이 밤에는 보잘것없어지고 아침에 진실이었던 것이 밤에는 거짓이 되기 때문이다."[61]

중년기 위기에 대한 최근의 시각은 성장과 발달을 위해 필연적인 인생의 프로세스로 바라봅니다. 그동안 축적해온 방대한 경험, 지혜, 인맥 등 풍부한 자원을 바탕으로 의미있는 인생을 실현하기 위한 정체성의 재구축 시기로 바라보는 것입니다.

"중년기는 두려워하는 대상이 아니라 과거의 경험으로 부터 정보를 얻고 미래에 대한 희망이 구체화 되는 시기 … 중년은 수입, 주변으로부터의 인정, 이성적 사고력, 문제해결 능력에 있어 그야말로 전성기이다. 더군다나 경험도 많이 했고 정신적·신체적 기능이 충분한 상태이므로 많은 사람들에게 인생 최고의 시기이다." [62]

---

61 칼 융. 인생정오론
62 바바라 브래들리 해거티(Babara Bradley Hagerty) 저널리스트

발달과업에 대해서도 이해할 필요가 있습니다. 에릭슨의 심리사회적 발달단계[63]를 예로 들겠습니다. 에릭슨의 7단계 장년기의 심리사회적 위기는 생산성 vs 침체성입니다. 이 시기의 생산성은 다음 세대를 돌보고 기름으로써 자신의 존재가치를 확장하고자 하는 중년기 성격의 발달특성을 의미합니다. 젊은 세대를 가르치고 지도하고 지역사회에 도움이 되는 일을 함으로써 사회의 존속과 유지를 위해 헌신하는 겁니다. 만일 생산성 확립에 실패하면 침체감에 빠지게 됩니다. 침체감은 다음 세대를 위해서 자신이 할 일이 아무 것도 없다는 것을 깨닫는 것입니다.[64]

대표적인 사례로 작년에 작고한 일본의 故 무라타 조지(村田兆治)의 사례를 들 수 있습니다. 호쾌한 '마사카리(도끼) 투구법'으로 우리나라에도 잘 알려진 한 시대를 풍미한 대투수 무라타 조지村田兆治는 그동안 현역 은퇴 후 사회공헌 활동을 평가받아 71세이던 2년 전 일본재단에서 'HEROs AWARD 2021'을 받았습니다. 그는 전국의 낙도에 사는 중학생 야구선수가 한자리에 모이는 〈낙도 고시엔〉을 제창. 2008년 도쿄 이즈오시마에서 열린 제1회

---

63 인간발달을 탄생에서 죽음까지 다룬 대표적 학자로 정신분석학 틀에서 인간발달을 총 8단계로 구분하여 각 단계별로 풀어나가야 할 심리사회학 과제가 있음을 제안. 그런 면에서 최초의 생애발달심리학자로 부르기도 한다. 그러나 생애발달심리학의 관점이 현대심리학에서 대두된 것은 1970년대 이후로 상대적으로 최근에 등장한 조류 중 하나이다. (서강대학교 김근영 교수 블로그, 2017)
64 자기 침체, 지루함, 심리적 미성숙이 나타납니다

대회를 시작으로 지금까지 12회 개최하고 있는 것을 높게 평가받아 수상한 것입니다.

그가 이러한 대회를 개최하게 된 경위는 낙도의 야구 소년은 섬 밖과의 교류 기회가 적고, 대외 경기를 하기도 어렵기 때문입니다. 자신의 볼은 은퇴 후 160km에 달하던 구속이 140km대로 현저하게 떨어져 프로선수로서의 가치는 떨어졌지만 낙도 소년들에게는 충분한 구속이며, 또 한때 일본 최고의 광속구 투수의 볼을 받아보았다는 기쁨을 섬마을 학생들에게 주는 것만으로도 충분한 가치가 있다고 생각하였다고 합니다.

그래서 전국에 있는 낙도 중에서 사람이 살고 있는 낙도를 자기 현역 시대의 승수 (215회) 만큼 다니는 것을 목표로 시작했습니다. 방문을 거듭하면서 '낙도의 아이들끼리의 교류'를 염두에 두고 낙도 고시엔 대회를 결성하여 현재 출전팀 수도 당초 10팀에서 26팀으로 늘었다고 합니다.

"프로야구 선수가 되는 것만이 성공이 아니다. 한때의 출전 선수로부터 '야구는 그만두었습니다만, 교사가 되었습니다'라든가 '기업의 영업직으로 노력하고 있습니다' 등의 연락을 받는 경우도 있어서, 대회를 계기로 낙도 소년들이 사람으로서 성장해 가는 기쁨이 무엇보다도 기쁘다"라고 그는 말하고 있습니다.

만일 그가 자신의 이익과 편안함에만 신경썼다면 그저 한물간 투수로서 침체에 빠져 결코 지금까지와 같은 삶을 이룰 수 없었을 겁니다.

전직지원전문가 앞에 마주 앉게 되는 내담자는 아이들 학비도 남아있고 연금준비도 못했는데, 하필이면 이런 때 끝을 알 수 없는 내면적 변화의 길을 걸어야 하는가 하고 낙담하는 분들일 수도 있습니다. 이것이 바로 전직지원전문가가 인간에 대한 이해와 인간의 심리 행동 발달 등에 대한 식견이 필요한 이유입니다.

이처럼 전직지원 상담은 '단순한 직업알선이나 정보 제공을 위한 보조수단이 아니라 변화 속에서 발달과 진보를 거듭하는 인간에 대한 서비스'라는 것을 다시 한번 강조합니다.

"접수 마지막 날, 우여곡절 끝에 알게 된 SLCA 교육과정! 취업 취약계층을 위한 다양한 상담을 주요업무로 하고 있는 내게는 절호의 기회였다. 특히 요즘 들어 실직한 중고령자의 미래에 대해서 풀리지 않는 숙제처럼 내 가슴은 무겁기만 하던 터였다. 이 수업을 들으면 당장의 문제가 해결될 거 같은 기분이었지만 수업이 진행 될수록 내가 원하는 답은 얻을 수 없었다. 오

전직지원 일보다 사람이 먼저다

히려 함께 수업듣는 중고령 교육생들과 우리 센터를 찾는 중고령 내담자의 상황을 비교하며 한숨만 늘어갔다. 그러나 2개월이라는 기본과정이 끝나가면서 내가 너무 성급했음을 깨닫게 되었다.

중고령자의 미래를 두고 너무 쉽게 답을 구하려 한 것은 아닐까? 지금 내가 중고령자들에게 어떤 상담을 하고 있는걸까? 저소득층이라는 이유로 인간내면의 욕구는 무시한 채 눈앞의 일자리에만 급급한 상담을 한 것은 아닐까? 과연 내가 상담원으로서 자질은 있는 걸까? 등 부끄럽고 죄송한 마음이 수면 위로 떠오르기 시작한 시점이 바로 과정 후반부터였다. 이 교육은 내게 이렇게 말하는 거 같았다.

- 상담원으로서의 '나'를 돌아보라고!
- 소득의 많고 적음을 떠나, 건강 여부를 떠나 능력의 정도를 떠나 '인간'이라는 공통점을 잊지 말라고!
- 중고령 내담자의 문제해결을 위한 상담이 아닌 내담자 스스로 근본적인 문제를 찾고 해결할 수 있게 길을 알려주라고![65]

---

65 필자의 교육과정에 참가한 C씨의 수기, 2008

5. 전직지원전문가의 역량 (4)

Assessment is a Process Not Decision

이번에는 'Assessment is a Process Not Decision'이라는 주제를 다루려고 합니다. 요즘 관심이 뜨거운 진단, Assesment에 대해서이지요

몇 년 전 지인으로부터 들은 이야기인데 전직지원서비스를 받으러 갔더니 갑자기 진단지를 내놓는 바람에 좀 당황했다고 하더군요. 뭐 극단적인 사례일 수도 있겠지만, 사실 지인의 말에 저 자신도 자유스럽지는 않더군요(저 또한 오래전 재직 때의 경험이긴 하지만 지인이 경험한 것과 유사한 방식으로 진행했던 기억을 가지고 있기 때문이죠). 그래서 그런지 얼마 전 한 지상파 방송에서 진행하는 재취업 관련 프로를 보고 있는데 전직지원전문가가 내담자에게 진단 결과를 설명하는 모습이 비춰질 때 예사롭게 보여지지 않더군요. 저도 잘 아는 진단도구라 물론 어떤 대화가 오가는 것인지를

잘 알 수 있었습니다.

또 요즘은 Card sort가 유행하더군요. 문제를 푸는 과정을 거쳐야 하는 다른 진단방식과는 달리 카드는 분류하는 재미(?)도 있다고 들었습니다. 그래서 그런지 진단도구에 관한 세미나 과정이 꼬리를 물고 열리고 구름같이 수강생들이 모여듭니다. 페이스북에 비친 커리어 교육의 모습은 대부분 진단 도구를 활용하는 모습들입니다. 과연 우리나라는 진단 전성시대라 할 수 있을 정도로 보여집니다.

이런 우리나라의 현 모습과는 대조적이라 할 수 있는 20여 년 전 제가 미국의 CDA 과정을 일본에 도입한 과정에 참가할 때 경험이 생각나더군요. 그때는 미국에서 해당과정을 도입한지 얼마 되지 않은 때라 교보재 중 미국 현지 교보재가 많이 활용되고 있었는데 비디오에서 비치는 카드 소트하는 장면이 인상적이었습니다.

"4번과 5번을 고르는데 다른 때보다 시간이 많이 걸리셨는데 그 이유는 무엇입니까?"

카드 소트 결과 그 자체보다도 상담을 진행하기 위한 프로세

스에 더 관심을 두고 활용하고 있는 것이 아닙니까? 오래된 기억
이지만 지금도 아주 선명한 기억으로 남아 있습니다.

그 후 한참 세월이 흘러 같은 경험을 한국에서도 겪었습니다.
계획된 우연Planned Happenstance 이론의 창시자 故 존 크럼볼츠 박
사가 2012년 내한했을 때 같이 내한한 前 전미경력개발협회장
노만 기스버스Norman. C. Gybers박사가 세미나 참가자에게 한 답변
이 제가 20년전 일본에서 경험했던 내용과 같았습니다.

세미나 참가자: 박사님은 진단지를 활용하고 계십니까?
기스버스 박사: 활용은 하는데 주로 Informal 진단지를 활용합
니다. "왜 이렇게 쓰셨습니까?"하고 물어보면서 상담을 진행하
기 위한 도구로 활용하기 위해서이지요.

이처럼 일본에서 제가 본 비디오 모습과 같은 대답을 하시더
군요. 일본에서 연수 중에 만난 커리어컨설턴트들이 제일 많이
사용하는 진단 Tool 중의 하나가 Life Line Chart였던 기억이 납
니다. 마찬가지 이유에서죠.

필자가 드리고 싶은 말씀은 이러한 진단에 대한 접근의 형태
가 근본적으로 다른 이유는 진단에 대한 시각 차이에서 비롯된
것입니다. 즉, 우리나라에서는 진단도구를 직업이나 일의 선택

Decision을 위해 활용하려는 매칭이론, 즉 사람과 환경의 적합을 알고자 하는 목적으로 행해지고 있다는 것임에 비해 미국 사례는 상담을 위한 프로세스Process로서 진단을 활용하고 있다는 것이지요.

이러한 차이는 두 가지 관점에서 설명할 수 있습니다. 먼저 진단, 즉 Assessment의 정의에 대한 해석 차이에서 비롯된 것이라고 보여집니다. 코칭(1976)의 Assessment에 대한 정의는 다음과 같습니다.

> "Assessment는 개인의 단순한 성격판정이 아니라 그 사람의 적극적 가치를 포함한 다면적 분석을 행하여 내담자가 발달적, 유동적으로 파악하고 나서 그 정보를 종합적으로 기술하고 내담자의 이익을 위해 적절하게 활용해가는 프로세스이다."[66]

즉 사람은 끊임없이 변화하고 성장하는 존재이며 Assessment는 기법이나 기술인 동시에 사람과 사람 간의 개입에 관한 문제라는 것입니다. 즉 내담자와 상담자 간에 일어나는 상담에서의 전 과정에서의 개입이 바로 Assessment의 연속이라는 것입니

---

66 CDA과정 textbook 인용

다. 진단 있고 상담 따로 있는 것이 아니라는 이야기입니다.

두 번째는 적용하는 커리어 발달이론의 패러다임 변화에 대한 인식 차이에서 비롯된 것이 아닌가 생각됩니다. 지금 커리어 발달이론의 흐름은 크게 1900년대 파슨스(매칭이론)에서 1950년대 슈퍼(발달이론)를 거쳐 2000년대 사비커스(구축이론)의 흐름으로 패러다임이 바뀌고 있지요. 사람과 직업, 환경이 적합한가(매칭하는가)의 여부는 어느 시점에서 이루어지는 고정적인 것이 아닙니다. 오히려 사람마다의 해석에 따라 다르고 장기간에 걸쳐 수시로 변화하는 동적이기 때문에 '맞는가' 하는 선택보다는 선택 후 의미 부여와 해석을 통해 양자를 끝없이 맞추어 나가는 것이 합리적이라고 보는 것이 근대 이론가들의 해석입니다.

파슨스의 매칭이론(홀란드 이론 포함)이 사람과 환경이 적합한 것이 '무엇이(맞는가?)'를 중시했다면 최근 이론은 환경에 '어떻게(맞추어 나갈 것인가?)'를 중시하는 것이라 하겠습니다. 어떤 커리어인가를 중시했다면 최근 이론에서는 어떻게 커리어를 생각해 나갈 것인가를 중시합니다. 다시 말해서 일이나 직업이 내담자에게 적합한가, 바람직한 커리어인가를 알려주고 그 후의 지침을 전달하기 위해 진단을 하는 것이 아닙니다. 앞의 예시처럼 상담을 진행하기 위한 목적이나 검사 결과에 대한 해석을 스스로 생각하도록 (예를 들면 '이 결과에 대해서 나름대로 해석한다면 어떤 것을 말하실 수 있을까요?') 하는 등 내담자가 스스로 답을 찾아내도록 측면적인 지원을 하기 위한 목적으로 진단을 활용하고 있는 것이 최근의 흐름이라 하겠습니다.[67]

안정적인 커리어가 예상되는 시기라면 당연히 직업선택에 초점을 맞추는 매칭이론에 의한 접근이 타당하고 이에 따른 지금의 진단방식이 바람직하겠지만 세계적으로 환경변화가 극심한 불확실성의 시대에 장래를 예측하여 사람과 직업을 매칭시키는 서비스를 진단에 의지하여 결정한다는 것은 시대착오적 넌센스입니다.

시대가 변하면 그 시대에 맞는 진화한 방식을 활용하는 것이 전문가의 책임이자 의무라 할 수 있겠습니다. 특히 세계적인 흐름의 영향을 받을 수밖에 없는 직업, 커리어라는 분야에서는 우리만 예외라고 하기는 어렵겠지요. 한치 앞을 예측할 수 없는 혼돈의 시대에 진정 내담자를 위한 것이 어떤 것인가를 모두가 곰곰이 생각해 볼 때입니다.

"커리어 카운슬러는 내담자의 흥미를 발견하기 위해 흥미검사

---

67 참고: 渡辺昌平 ,사회구성주의 커리어 카운슬링의 이론과 실천, 2015

를 하는 사람이 아니라 내담자의 흥미를 조성하도록 서포트하
는 사람이다" [68]

68 마크 사비커스

　　　　　　　　　　　　　　　전직지원 일보다 사람이 먼저다

6. 전직지원전문가의 역할

지금까지 전직지원전문가의 정의는 무엇이고 무엇을 제공하며 그러기 위해서는 어떤 역량을 가져야 하는가 하는 것에 대해 이야기해왔습니다. 어디로 가야 하는가를 알기 위해서 우리보다 먼저 시행해온 나라들의 사례를 통해 우리의 현 주소를 점검하는 기회를 가져보았습니다. 이번에는 전직지원전문가의 역할을 이해하기 위해 Individual Counseling의 프로세스를 통해 살펴보도록 하지요.

〈Individual Counseling의 프로세스〉[69]

① Acceptance: Emotional acceptance, Self-confidence

② Career Assessment: Self-analysis of career

③ Search Preparation: Training for job search

④ Offer Evaluation: Evaluate and negotiation

⑤ Follow-up

---

69 유규창. 아웃플레이스먼트에 대한 이론적 고찰 및 선진사례 분석.2001

전직지원전문가(일본의 경우는 커리어컨설턴트, 미국의 경우는 NCCC: National Certificated Career Counselor)의 중요 역할은 ①, ②가 핵심이고 ③, ④, ⑤는 독자적인 것이라기 보다는 공조 체제나 시스템의 지원을 받아서 이루어진다고 보는 것이 사례로 든 국가들의 공통된 시각인 것 같습니다. 일례로 일본 아웃플레이스먼트 업계의 리더격 회사인 T사의 서비스 체제를 보면 이해가 쉬울 겁니다. 이 회사가 가장 강조하는 중요한 서비스가 바로 '1. 질 높은 커리어 카운슬링'이라는 거지요.

〈T사의 재취업지원서비스의 특징〉[70]

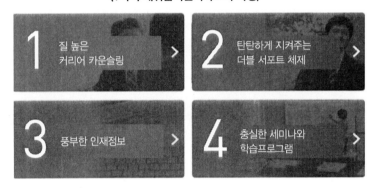

앞에서 소개한 개인 상담 프로세스에 비교해서 살펴보면 ①, ②가 '1. 질 높은 커리어 카운슬링'에 주로 해당하는 것으로 볼 수

---

70 일본 재취업지원회사 T사 홈페이지에서 필자가 인용

있겠습니다. 물론 ③, ④, ⑤에도 관여하지만 전직지원전문가의 핵심업무는 ①, ②라고 보는 거지요(미국은 커리어 카운슬러가 ①, ② 만 전담, 나머지는 Job Consultant). 나머지 상담프로세스는 T사의 경 우를 보면 '2. 개척전담 조직을 활용한 더블서포트(2인 1조) 체제', '4. 워크숍을 통한 잡서치 훈련 및 면접요령 교육', '3. 자체에서 보유하고 있는 풍부한 인재정보의 제공' 등 서비스 체계에 의해 움직인다고 볼 수 있겠습니다.[71] 해외 사례를 볼 때 전직지원전 문가의 역량강화(질 높은 상담)와 서포트 체제의 충실이 요구된다 고 하겠습니다.

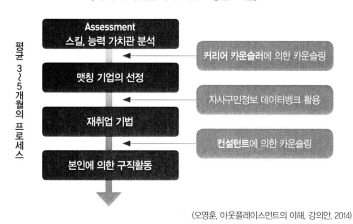

〈미국의 아웃플레이스먼트 상담 모델〉

(오영훈, 아웃플레이스먼트의 이해, 강의안, 2014)

---

71 일본은 T사처럼 자체 시장 확보를 위한 개척조직을 보강하여 카운슬러와 공조체제를 갖추는 경 향이 늘어나고 있는 추세이다. (D사 사례: 자체 개척 34%, 네트워크 21%, 2008)

Transition의 의미가 Psychological process라고 강조드린 바 있습니다만 Transition과정을 거치면서 겪게되는 과정에 대해 ① AcceptanceEmotional, Acceptance, Self-confidence 즉 심리적인 안정감과 자신감 회복을 위한 서포트가 가장 중요하다는 것은 두말할 나위가 없겠지요. 게다가 ② Career AssessmentSelf-analysis도 단순한 진단을 통한 직업선택에 초점을 두기 보다는 스스로 답을 찾도록 돕는 것에 더욱 중점을 두는 경향이라고 설명드렸습니다. 이러한 ①, ②의 서비스를 수행하는 역할이 핵심역할이라 할 수 있겠습니다. (일본의 JCDA에서는 서비스의 전부라고 강조할 정도이지요)[72]

최근의 전직지원전문가의 역할은 기존의 개인과 직업의 매칭을 통해 일을 찾아주는 것에 머무르지 않고 상담을 통하여 내담자가 당사자 의식을 갖고 인생에서 맞닥뜨리는 다양한 경험을 받아들이고 이를 통해 새롭게 배우는 계기가 되도록 하여 자기개념의 성장을 돕는 것에 있습니다[73]그리하여 내담자 스스로가 자신의 가치를 찾고 자신감을 갖고 일에 임하도록 하는 것입니다.

---

72 성장산업에서 성숙산업으로의 이행(移行)과 같은 최근의 일본고용정책은 이러한 핵심역할의 중요성이 더욱 강조될 것으로 보인다. 그 이유로 일본에서는 전직지원장려금 지급대상에 대기업도 포함시키면서 예산도 대폭 늘리고 이전에는 매칭이 성공해야 보수가 지급되었는데 일정 비율을 선지급하는 등 '질 높은 상담'을 통해 새로운 성장분야로의 성공적 전환을 도모하려는 의도로 읽혀지기 때문이다.
73 일본 맨파워 JCDA의 역할에서 인용. 자기개념의 성장을 돕는 것이 중요한 이유는 커리어에 관한 문제를 해결하는 것은 다른 사람이 아닌 바로 내담자 본인이기 때문입니다

바꾸어 말하면 직업문제에 초점을 맞추는 것이 아니라 직업문제를 가진 개인에 초점을 맞추는 것입니다.[74]

필자가 상담한 공기업 출신인 L씨의 경우가 그런 경우입니다. 자신은 사무직 출신이라 아무 것도 특별히 내세울 게 없다고 자신의 경력에 대해 부정적으로 생각하는 분이셨습니다. 한사코 만류하는 그 분에게 끈질기게 과거 성공한 경험에 대해 소개해 달라고 부탁한 끝에 무려 1시간 반이나 자신의 과장시절 총무업무를 맡아 초대형 설비를 운송할 때의 어려운 난관을 극복하여 회사의 큰 프로젝트를 무사히 수행했던 기억을 자랑스럽게 이야기하셨습니다. 의기소침해 있던 분이 이야기 도중에는 눈에 광채가 빛나고 어찌나 힘 있게 이야기하시는지 마치 전혀 다른 분을 보는 것 같았습니다. 당당히 문을 나서는 그 분의 뒷 모습이 지금도 생생하게 기억이 납니다.

> "취업을 하는 게 목표이긴 하지만, 상담을 통한 건강한 자아 회복도 중요하다고 봐요. 저는 상담하면 가능한 한 그 분의 강점을 파악하려고 노력합니다. 컨설턴트가 그 사람 본연의 자존감을 살려주고 응원함으로써 내면에 에너지가 가득 차게끔 돕는 거죠. 그런 마음가짐이 재취업 과정에도 긍정적으로 작용하리

---

74 와타나베 미에코, 커리어 카운슬링은 무엇인가, Works 2000 8-9월호

라 생각합니다."[75]

아울러 개인이 자신의 직업에만 국한하지 않고 가족, 커뮤니티, 그리고 사회 속에서 자신이 해야 할 일을 찾도록 인생을 전체적 관점Holistic Thinking에서 바라보도록 하는 전직지원전문가의 Change Agent로서의 노력이 더욱 절실하다고 하겠습니다.

〈커리어 상담 시 고려사항〉[76]

① 능력과 흥미의 확장
② 직업과제의 변화 : 역할의 변화
③ 커리어 의식을 부여하여 행동의 동기부여 중점
④ 직업문제 중심에서 인생전반에 관한 문제의 대응

그런 의미에서 좋은 사례를 소개하고자 합니다. 제대군인 전직지원서비스 대상자들을 '직업생애기간 확장그룹'과 '전역간부 적합직종선택그룹'으로 나누어 연구한 양안나 박사의 연구 결과[77]에 의하면 '직업생애기간 확장그룹'은 평생 현역이라는 인생설계의 관점에서 의미 있는 일, 잘하고 선호하는 일을 찾는 과정에서

---

75 황영희, 노사발전재단 중장년내일센터 책임컨설턴트, [시니어 잡:담회① 상담편], Bravo My Life, 2023.4.13.
76 Michell, Krumboltz, 1996
77 참조 : 양안나, 군 경력을 연계한 취업, 국방취업가이드, 2011

군경력의 분석을 통한 내부 자원을 바탕으로 사회에서 필요로 하는 역량으로 재구성하여 부족 부분을 교육으로 보완하여 일을 찾았습니다.

한편 '전역간부 적합직종선택그룹'은 당장 생계유지를 위한 경제적 필요에 의해 자신을 기반으로 하기보다는 입직이 용이한 자신을 찾는 곳 중심으로 눈높이를 낮추어 무난하고 단순한 일자리를 찾았습니다. 결과적으로 '직업생애기간 확장그룹'이 '전역간부 적합직종선택그룹'보다 성공률과 만족도가 높았다고 합니다.

> "만일 커리어 카운슬러나 전문가가 사람들의 장래 목표나 계획을 준비하는 과정에서 이러한 전체적 관점Holistic Thinking을 몸에 익혀 서포트하였다면 도대체 어떤 일이 일어났을까 하는 생각에 빠지게 되었습니다."[78]
>
> - ILP이론을 수강한 수강생

---

78 서니 한센,ILP IntegrativeLife Planning, 1997

7. 생애설계에 대해 생각해 본다

인생은 퍼센트(%)가 아닙니다.

갑작스레 무슨 이야기이지? 하고 놀라시는 분이 있겠군요. 생애설계에 대한 이야기입니다. 요즘 베이비부머 세대가 사회적으로 주목되면서 이들에 대한 생애설계관련 교육도 뜨거워지고 있습니다.

지금까지 주종을 이루던 퇴직을 앞둔 은퇴준비교육에서 한 걸음 더 나아가 전 생애에 걸친 생애설계로 축이 옮겨가고 있는 것은 바람직한 현상입니다. 평소 이 분야에 관심이 있어왔던 필자로서는 인생에는 사건으로서의 전환기를 맞거나 생애주기를 맞을 때마다 이런 생애설계가 새삼 필요하다고 느끼고 있었기 때문이지요.[79]

---

79 2015년 보건복지부에서는 '노후준비지원법'을 제정해 복지차원의 생애설계를 강조했다. 같은

그런데 몇 년 전 생애설계교육을 소개하는 기사를 보고 놀란 적이 있었습니다. 교육 내용을 소개하는 항목에서 생애설계 중요 영역별로 구분하여 비중(%)으로 표시한 기사였습니다.

필자는 그 기사를 본 순간, (외람된 표현이지만) 물 몇%, 단백질 몇% 칼슘 몇% 등 마치 신체 구성비를 보는 것 같았습니다. 뭐 교육비중 정도를 표시한 것 가지고 그렇게 호들갑을 떠느냐, 다른 곳에서도 늘 과목으로 소개하는 것을 좀 더 이해를 돕고자 구체적인 비중을 표시한 것뿐인데 하고 생각할 수도 있겠지만 커리어를 연구하는 필자에게는 그런 식의 구분이 인간이라는 존재를 너무 가볍게 다루는 것 같아 거슬렸습니다.

영혼은 어디갔나?
필자의 입에서 저절로 나오더군요.

한국생애설계사협회에서는 생애설계의 정의를 '정체감을 확립한 후 자아정체성과 관련하여 개인이 인생의 가치와 목표

해 고용노동부에서도 생애경력설계와 관련된 프로그램을 개발 및 보급했으며, 2016년 10월에는 '장년 고용대책'으로 40대, 50대, 그리고 퇴직 전에 각각 생애경력설계 교육을 하도록 관련기관 및 기업에 권고했다. 최근에는 '고용상 연령차별금지 및 고령자고용촉진에 관한 법률'(약칭:고령자고용법)의 개정 등을 통해 퇴직하는 장년의 '재취업지원의무화'와 관련된 생애설계도 강조하고 있다.

를 설정하고…' 라는 표현하고 있는데 생애설계는 이런 정체성 Identity에 대한 관점이 중요하기 때문입니다.

인생의 전환기에는 개인의 아이덴티티의 핵심이 되는 커리어 아이덴티티를 상실하여 '나는 누구인가', '무엇을 하는 사람인가', '무엇을 하고 싶은가' 하는 갈등과 혼란들을 겪게 됩니다. 오랫동안 은퇴교육을 진행해 본 경험으로 보아도 이 문제는 인생의 전환기를 맞는 분들에게 늘 큰 장벽으로 다가오곤 했습니다.

필자가 진행하는 과정에 오신 분들이 모두 짙은 감색 양복을 입고 근엄한 표정으로 '어디 한번 이야기 해봐라'는 듯이 앉아 계셨던 모습이 떠오릅니다. 마치 생각마저 갑옷으로 중무장한 것 같았는데 반응마저 없어 답답하기 그지 없었습니다. 이처럼 하나같이 자신의 갑옷을 벗는 것을 힘들어 하는 것도 바로 이 때문입니다.

다음은 인생의 목적에 대해서입니다.

인생 전반기는 성공을 위해 열심히 살았다면 후반기에도 '이것을 위해 살자'는 그 '이것'이 있어야 합니다. 어느 날 예정됐던 은퇴를 하고 나면 그동안 나름 은퇴준비를 해왔던 것들이 있어도 방향을 잡지 못하고 한동안 마음의 방황을 하게 됩니다. 은퇴전문가들은 그러니까 소일거리를 찾으라는 어드바이스를 많이 하지만 과연 소일거리로 이런 마음의 문제가 해결되겠습니까!

세계적인 명상가이자 뇌교육자, 평화운동가 이승헌 총장은 최근 화제가 된 그의 저서『나는 120살까지 살기로 했다』의 서문에서 "성공적인 노년을 위한 조언들이 책과 인터넷, TV에서 쏟아지고 있지만, 정작 그런 조언들은 'Spirit'과 같은 무언가가 부족하다. 인생 후반기를 잘 살기 위해 가장 중요한 것은 자신의 남은 삶에 의미를 부여할 수 있는 목적을 찾는 것인데 자신처럼 인생 후반기에 들어선 사람들을 관찰하고 많은 대화를 나누면서 느낀 것은 대부분의 사람들이 70세, 80세 이후의 삶에 대한 구체적인 그림이 부족하다"고 말하고 있습니다.

이러한 현상은 은퇴 후에 소극적이고 고립적인 생활을 하는 사람들뿐 아니라 여행, 취미생활, 자원봉사 등으로 노년을 바쁘게 보내는 사람들도 마찬가지인데 그저 일과를 가득 채우는 업무목록만 있을 뿐이라는 겁니다. 우리가 건강과 행복, 기쁨이 넘치는 인생 후반기를 설계하려면 반드시 후반기를 통해 이루고자 하는 인생의 큰 그림이나 삶의 의미를 부여하는 목적이 필요하다고 이 총장은 강조합니다.

그의 이러한 견해는 심리학 교수 캐럴 리프가 도파민을 생성하는 일시적인 행복이 아니라 삶의 의미를 부여하는 장기적인 목표를 추구하는 데에서 오는 행복, 즉 에우다이모니아(각자에게 주어진 재능과 능력을 가지고 의미 있는 삶을 추구하는 것)를 강조한 것과 일맥상통하는 면이 있습니다. 인생의 깊은 목적을 추구하는 것이 뜻밖의 보너스, 건강하고 활력 넘치는 사람이 되는 첩경이라는 것입니다.

한마디로 아침에 일어날 이유가 있는 사람이 더 오래 살고, 더 행복한 노년을 보내며, 기억력도 좋아지고, 심각한 질병에 걸릴 가능성이 줄어들 뿐 아니라 더 충만한 삶을 살게 된다는 것입니다. 인생 후반기의 목적을 찾는 것은 결코 사치스런 생각이 아니고 가장 기초적이고 필수적인 것이라는 생각의 전환이 필요합니다.

> 미국 우주비행사를 치료하는 젊은 의사가 나에게 질문을 했다.
> "생의 전반기에 달 위를 걸었던 사람이라면 생의 후반에는 무엇을 하라고 해야 합니까?"
> 나는 답했다.
> "우주 비행사든 부자든 관계없이 자신의 정체성과 목적을 찾는 것이 중요하지요."[80]

---

80 리처드 J 라이더. 앙코르 50플러스 포럼.

어차피 인생 후반기는 아무것도 쓰여있지 않은 석판에 지나지 않기 때문에 그곳에 무엇을 쓰는가에 따라 인생의 차이를 만듭니다. 그렇다고 단순히 살아갈 목표를 갖자는 것이 아니라 그것 때문에 살아야 한다는 그 무엇 말입니다. 인생 전반기가 일과 경제적 성공을 위해서 살았다면 인생 후반기에는 무엇을 목표로 하여 살아야 할까요.

앞에서 소개한 이승헌 총장은 그의 저서에서 인생의 전반기가 배우고 소유하고 축적하는 성공기였다면 후반기는 나누고 베푸는 완성기라고 합니다. 우리 몸에 비유하자면 주먹을 꽉 쥐고 숨을 계속 들이마시는 상태입니다. 하지만 그 누구도 그 상태로 있을 수는 없습니다. 주먹을 펴고 숨을 내쉬어야 합니다. 이것이 완성기의 삶의 자세입니다. 전반기에 얻고 받은 것들을 나누고 베풀어야 인생의 전 사이클이 완성된다고 그는 강조합니다.

최근에 주목을 받고 있는 서니 한센 교수Sunny S. Hansen는 한 사람 한 사람의 인생에 있어 의미 있는 인생이 되기 위하여 인생의 제반 부문을 통합 — 즉 가족과 일, 지적 신체적, 영성적, 합리적·정서적, 인생과 커리어, 지역·국가·세계 — 하여 전체상을 볼 수 있도록 하는 ILPIntergrative Life Planning를 주장하고 있는데 이웃 일본에서는 몇 년 전부터 한센앓이라고 할 정도로 열풍이 불고 있습니다. 인간의 발달영역의 모든 부분 — 사회적, 신체적, 영성적,

정서적 — 을 주목하기 시작한 겁니다. 마음과 몸, 그리고 영성을 서로 연계시키기 시작한 것이지요. 비유적으로 이를 그녀는 Quilt[81]에 비유하고 있습니다. 그 사람만의 패턴을 중시하는 겁니다.

경제적, 신체적 안전이 어느 정도 보장되는 경우에는 사랑·존경·소속의 욕구가 커지게 되고 점점 더 여건이 좋아지면 자연스레 지적 및 심미적 만족과 연결된 일련의 목표가 크게 부각되는데 정치학자 잉글하트는 이러한 삶의 가치관 변화를 '조용한 혁명'이라고 하였습니다. 우리도 이러한 변화가 곧 다가오지 않을까 생각합니다.

Quilt 통합의 상징

---

81 Quilt(퀼트): 피륙과 피륙 사이에 심이나 솜을 넣고 바느질하여 무늬를 두드러지게 하는 기법. 또는 그렇게 박음질한 피륙. 이불감, 침대보 – 한센은 통합의 상징으로 퀼트에 비유했다 (그림 참조) 즉, 하나하나의 조각이 고유의 스토리를 갖고 있으며 동시에 이 조각들이 모여서 하나의 전체적인 스토리를 만들어 낸다고 본 것이다.

　　　　　　　　　　　전직지원 일보다 사람이 먼저다

구분	기존고령자의 욕구	스트롱시니어의 욕구	비고
자아실현의 욕구	건강이나 경제적 여건상 욕구화되기 어려웠음	목적이 있는 삶 자유시간의 의미있는 소비 노년기의 정체성 확보	
존경/소속의 욕구		사회와의 소통 인간관계 강화 소속감을 주는 단체모임	사회와의 연결을 위한 인간관계 구축
안전의 욕구	요양에 대한 욕구 치료 등의 서비스 홈스테이, Day Care	건강의 유지 및 강화 자산가치 유지방안 보험을 이용한 안전성 확보	건강이나 경제에 대한 불안 해소
생리적 욕구	방문간병 서비스 기본생계비 유지 방문입욕/식사 서비스	필요없거나 이미 확보되어 있는 상태	

　　노후생활에서의 생활Life이 생존Survival과 다른 것은 생존이 그저 살아남기 위해 버텨내는 삶이라 한다면 생활은 자기 주도적인 자아실현의 삶을 의미합니다. 미국의 재무설계는 재정적인 문제보다는 생애 전환기에 있는 고객의 삶에서 가장 의미 있는 가치를 찾아 생애주기에 적합한 자신의 정체성을 찾을 수 있도록 돕는 상담 서비스로 변하고 있습니다.

　　바람직한 생애 설계는 각 개인이 무엇을 하고 싶은지, 무엇이 되고 싶은지, 무엇을 좋아하고 잘하는지, 무엇을 중요시 하고 무

82　LG경제연구원,'신사업 기회, 스트롱 시니어를 잡아라', 2006. 10

엇에 가치를 두며 무엇을 기쁨으로 살아갈 것인지, 그리고 사회에서 자신이 필요한 존재가 되기 위해서는 무엇을 해야 하는지 하는 자신의 건전한 아이덴티티와 인생의 목적을 찾아 나답게 살아가도록 돕는 게 우선되어야 할 것이라고 생각합니다.

그래야 비로소 삶의 의미와 돈을 결합시키는 재무, 자신의 재능과 흥미를 세상의 필요와 연결하는 일과 사회참여, 그리고 이를 통한 인간관계의 확대, 창조력 발휘를 위한 여가, 자신의 정체성 확대를 위한 학습 등 통합적인 생애설계가 가능해집니다. 모처럼 세상에 나오는 생애설계 교육이 좀 더 진일보된 모습으로 세상에 나오기를 바라는 마음으로 글을 써보았습니다.

> "한국인이 염원하는 복福은 내재적 열망을 충족시킴으로써 달성되는 충만으로서의 복福: Happiness이라기보다, 권력·재산·건강·명예·자식복 등과 같이 외부로부터 주어지는 행운Luck 쪽에 가깝다…. 행복상자의 깊이를 심화시킬 수 있는 가치부여적기능을 육성해 삶에 활기를 불어 넣을 수 있는 창조적 행복의 心窟을 확장하는 일이 경박한 말초적 행복이 범람하는 스마트 시대의 절박한 과제다."[83]

---

83 고려대 김문조 교수,'행복의 추구' 강연에서, 2014.12

8. 신시대의 커리어 모델

〈프로티언 커리어〉

지금과 같은 뉴 노멀 시대에는 자신이 머물고 있는 조직이 내일 존재할 수 있을지조차 모르는 것이 당연한 만큼 종래의 커리어관에 대한 대폭 수정이 불가피합니다.

〈우리 회사가 오늘 약속할 수 있는 것〉[84]

- 당사가 금후 얼마나 오래 비즈니스를 지속할 수 있을지 약속할 수 없습니다.
- 당사가 흡수합병되지 않으리라고 약속할 수 없습니다.
- 당신에게 승진을 약속할 수 없습니다.
- 장래 당신이 퇴직할 때 당신이 일할 곳이 있을지 없을지 약속할 수 없습니다.
- 장래 당신의 연금을 지급하지 위한 자금이 수중에 있을지 없을지 약속

---

84 출처, 더글라스 홀, The Career is Dead — Long live the Career, 1996

할 수 없습니다.

- 당신의 변함없는 충성을 기대하지 않습니다.
- 그리고 그것을 기대하고 있는지 없는지조차 모릅니다.

● 프로티언 커리어란

서두에도 언급한 "21세기에는 그리스 신화에 나오는 프로테우스처럼 변신할 수 있어야 한다"는 게일 시이의 말에 대해 프로티언 커리어가 바로 그 한 예가 되겠습니다.

프로티언 커리어는 심리학자이며 조직행동학자인 더글라스 홀 Douglas Tim Hall에 의해 1976년에 제창된 개념입니다. 프로티언이란 원래 그리스 신화 호메로스의『오디세이아』에 등장하는 바다의 신 프로테우스에서 유래하였는데 모든 사물로 모습을 변화하는 힘과 예언하는 힘을 가지고 있는 프로테우스 신을 외형이나 신조, 성격이 변화무쌍하거나 변덕쟁이라는 의미로 사용합니다. 동교수는 여기에서 착안해서 경제사회환경의 변화에 유연하게 변할 수 있는 커리어 모델인 프로티언 커리어를 제창한 것입니다.

더글라스 홀은 "산업구조나 조직구조의 변화가 극심한 시대에 하나의 커리어 비전에 매달려서는 안 되고 변화에 대응하기 위해서는 개인 스스로도 변화해 가는 커리어 형성이 중요하다"고 강조합니다. 꾸준한 자아성찰을 바탕으로 일에 대한 정체성, 조직의 경계, 직업의 경계에 구애받지 않고 다양한 일터에 적응할 수 있는 능력을 배양합니다. 이렇게 평생 배우는 삶을 중시하는 프로티언 커리어 추구자를 21세기 커리어의 모습이라고 합니다. [85]

더글라스 홀은 그로부터 20년이 지난 1996년에 『The Career is Dead ― Long live the Career』(의역하면 '종래의 커리어는 죽었지만, 커리어의 본질은 살아있다'는 뜻)을 발간하는데 그 서문에서 다음과 같이 이야기합니다.

"나는 20년 전 『조직 내 커리어Careers in Organization』라는 책을 내면서 말미에 커리어의 새로운 형태는 조직이 아니라 개인에 의한 '프로티언 커리어'라는 새로운 형태의 커리어가 나타날 것이라고 했다. 이러한 커리어 형성에는 빈번한 변화에 대한 적응과 자기발견이 필요하며, 외적 기준의 성공보다는 내적 기준의 성공, 즉 심리적 성공에 의해 촉진될 것이라고 예측했다. (중략) 그리고 1996년이 되어 이 책을 내는 지금, 놀랄 정도로 프로티

---

85 김나정. 평생 '배우는 삶'을 꿈꾸는 시니어들. 희망제작소. 2012

언 커리어가 현실화되었다."[86]

더글라스 홀은 사람들은 특정의 조직에서 장기적인 커리어를 만들어가는 것에 그다지 기대하지 않게 되었으며, 어차피 조직의 상층부까지 올라가거나 수입 면에서 크게 벌 수 없다고 한다면 차라리 자신이 하고 싶은 일을 하는 것이 낫다는 생각을 하는 데까지 이르렀다고 합니다. 21세기가 다가오면서 우리들의 커리어에 대한 논점은 한층 더 내면적인 방향으로 향하고, 사람들은 돈보다도 일하는 의미에, 권한보다는 일하는 목적에, 자아Ego보다는 정체성에, 달성보다는 학습에 관심을 갖게 되었다고 강조합니다.

● 프로티언 커리어와
  전통적 커리어와의 차이

프로티언 커리어에서는 커리어의 주체가 기존의 조직이 아니라 개인입니다. 프로티언 커리어를 지향하는 사람들은 시시각각

---

86 더글라스 홀, 前揭書, 서문

변화하는 환경에서 조직에서의 승진, 보너스 등을 바탕으로 성공을 정의하는 것이 아니라 개개인이 가지고 있는 가치를 바탕으로 한 심리적 성공을 중요시 여기며, 조직에 충성을 바치는 것보다 개인의 자유로운 성장과 만족을 더욱 중요하게 생각합니다. 그래서 조직에 몰입하기보다는 자신의 전문성에 올인하고 필요에 따라 수시 이동을 감수하며 조직에서의 존경보다는 자신에 대한 자존감을 중시하고 조직에서 살아남기 위한 노력보다는 자신의 시장가치를 유지하는 노력을 합니다.[87]

〈프로티언 커리어와 전통적 커리어 비교[88]〉

구분	프로티언 커리어	전통적 커리어
주체자	개인	조직
가치관	자유, 성장	승진, 권력
이동빈도	高	低
척도	심리적 성공	지위, 급여
자세	일에 대한 만족감, 전문적 Commitment	조직 Commitment

---

87 프로티언 커리어는 수평적 성장을 도모하며 이는 전통적인 상방이동, 수직의 연속적 성장과는 반대된다. 성장의 목표는 학습이요, 심리적 적응이며 아이덴티티의 확장이다. (더글라스 홀, 前揭書)
88 더글라스 홀, Career in and out of organization, 2002

구분	프로티언 커리어	전통적 커리어
아이덴티티	자신을 무엇을 하고 싶은가 (자기에 대한 깨달음)	자신은 무엇을 해야하는가 (조직에서의 깨달음)
	자신을 존경할 수 있는가 (자존심)	조직에서 존경받고 있는가 (타인으로 부터의 존경)
어댑터빌리티	일 관련 유연성 (척도: 시장가치)	조직관련 유연성 (척도: 조직 내에서의 서바이블)

● 프로티언 커리어의
2가지 메타 컴피턴시

더글라스 홀은 프로티언 커리어를 추구하기 위해서는 어댑터빌리티과 아이덴티티 능력, 2가지의 역량이 필요하다고 강조합니다.

먼저 어댑터빌리티는 적응성, 순응성이라는 의미로 적응역량과 적응 모티베이션에 의해 구성되어 있으며 어느쪽도 부족해서는 안 됩니다. 즉 어댑터빌리티Adaptability = 적응역량Adaptive Competance × 적응모티베이션Adaptive Motivation입니다

적응역량Adaptive Competance은 ① 아이덴티티 탐색, ② 반응학습, ③ 통합력의 3요소로 성립됩니다. 아이덴티티 탐색이란 아이덴

티티를 바꾸거나 유지하기 위해 정확하게 자기이해를 위한 기회를 만들고 경험하고 학습하는 과정입니다. 반응학습이란 환경의 변화를 느끼고 적응하여 환경에 영향을 주는 역할을 발전시키거나, 최신으로 Update하는 학습방법입니다. 통합력이란 자신의 행동과 아이덴티티의 모순을 없애고 환경의 변화에 적응하는 것을 말합니다.[89]

적응모티베이션은 상기 3가지 적응역량을 발전 및 응용하여 자기 나름대로의 커리어를 형성하는 것을 말합니다.

다음은 아이덴티티 능력입니다. 아이덴티티는 홍미, 가치관, 능력 등 자기에 대한 올바른 인식을 하고 있는가입니다. 특히 현재는 기술의 발달로 일이 AI에 의해 바뀌거나 사업구조 변화로 직종이 없어지는 경우도 증가하고 있습니다. 그러므로 자신의 능력을 바르게 이해한 후 유연하게 일을 선택하고 필요한 능력을 개발하는 자세가 요구되고 있습니다. 아울러 충분한 자기이해를 축으로 과거·현재·미래의 자신이 연속하고 있다는 일관성에 대한 확신이 필요합니다. 그렇지 않으면 환경의 변화에 자신이 좌우되는 카멜레온 같은 존재가 될 뿐 자신의 인생을 사는 것은 아니기 때문입니다.

---

89 Ryusuke Tawaraya, 프로티언 커리어란, Mazrica Times, 2021

〈**행동상의 대처**Behavioral Reponses〉

구분		Aaptability	
		고	저
Self Awareness Identity	고	프로티언 전향적인 스마트한 행동	마비 도피정체로 저지되어 있음
	저	카멜레온 소극적 행동	경직 지시에 따른 행동

(더글라스 홀, The protean career: A quarter-century journey, 2004)

● 프로티언 커리어 형성에 필요한 것

마지막으로 프로티언 커리어를 만들어 가기 위한 3가지 포인트를 설명하고자 합니다.

첫째, 목표의 설정입니다.

종래 커리어는 조직에 의존하면 되었기 때문에 개인이 주체가 되어 자신의 커리어를 생각할 필요가 없었습니다. 프로티언 커리어는 자기 스스로가 커리어의 주체가 되는 것입니다. 理想으로 생각하던 커리어를 위해 본인이 목표설정을 하면서 행동 또한 자율적으로 해야 합니다.

전직지원 일보다 사람이 먼저다

둘째, 장기적 시점의 사고입니다

전술한 중년기 커리어 불안의 원인이 되는 경력고원Career
Plateau도 조직에 매몰되어 본래 중요한 자신의 가치관이나 이상
으로 하는 커리어를 상실했기 때문입니다. 조직이 아니라 사회
에 눈을 돌려 나는 어떻게 적응해 나갈 것인지 어떻게 되고 싶은
지 자금이나 스킬 등 현재 놓여있는 환경을 감안하여 보다 자기
다운 커리어를 만들어 나갑니다.[90]

셋째, 커리어의 재정의입니다

종래의 커리어 형성, 즉 조직의 사업목표나 비전에서 역산한
스킬 업이나 목표설정이 아니라 어떻게 되고 싶은지, 무엇을 하
고 싶은지, 일뿐 아니라 가정, 취미 등을 포함한 인생의 생활 방
식을 감안해서 재정의해 나갑니다. 커리어 재정의는 단기적이
아니고 장기적으로 몇 번이고 시행합니다.

---

90 프로티언 커리어는 하나의 조직에 매달리지 않기 때문에 종래 커리어보다 유동적이어서 전직의
빈도도 높게 된다. 전직선에서 당초 생각했던 일과 달라서 이상적으로 생각했던 커리어와 동떨
어지는 일도 있을 수 있다. 그런 경우에도 이상과 다르다고 포기하지 말고 '앞으로의 커리어를
위해 어떤 경험을 쌓을 수 있는가', '어떤 스킬을 몸에 익힐 수 있는가' 하는 장기적인 시점에서
커리어를 생각하는 것이 중요하다. 한마디로 커리어는 축적되어 가는 것이다. (신시대의 커리어 모
델 프로티언 커리어에 대해서 해설, Udemy Media, 2021)

"프로티언 커리어는 종래의 커리어와는 달리 능동적으로 커리어를 구축합니다. 조직의 목적이나 목표에 따라 이상상과 비전을 설정해서 거기에 매몰되어 있는 사람에게는 자신과 마주하는 행위가 대단히 힘들고 어려울지도 모릅니다. 그러나 지금과 같이 격변하는 시대에는 정답이 주어지는 것이 아니므로 스스로 찾아나갈 수밖에 없습니다. 조직에 의존하지 않고 자신의 시장가치를 높여 자신의 커리어를 스스로 만들어 나가는 것은 이후 더 한층 중요하게 될 것입니다. 그러기 위해서는 개인이 지속적인 학습[91]을 행하여 자신의 커리어를 버전 업해나가야 할 것입니다.[92]"

더글라스 홀은 커리어 발달의 최종적 목표가 심리적 성공이라는 것, 커리어는 인간관계에 있어서 상호학습을 통해서 발달한다는 것을 강조했는데. 여기서의 인간관계란 발달적 관계로 프로젝트팀, 태스크 포스, 멘토링, 코치, 네트워크, 상사나 동료 등을 지칭합니다.

스스로 프로티언 커리어 의식을 점검하는 의미에서 〈프로티언 커리어 度〉를 측정해 보시기 바랍니다. 해당하는 항목이 12개 이상이면 프로티언 인재, 3개 이하면 논프로티언 인재입니다.

---

91 학습은 일에 의한 학습, 인간관계에 의한 학습, 공부에 의한 학습을 의미합니다
92 Ryusuke Tawaraya, 프로티언 커리어란, Mazrica Times, 2021

⟨프로티언 커리어 度[93]⟩

구분	항목	체크
1	매일 신문을 읽는다.	
2	월2권 이상 책을 읽는다.	
3	영어학습을 계속하고 있다.	
4	테크놀로지 변화에 관심이 있다.	
5	국내 사회변화에 관심이 있다.	
6	해외 사회변화에 관심이 있다.	
7	일에 국한하지 않고 새로운 것에 도전하고 있다.	
8	현상의 문제에서 눈을 돌리지 않는다.	
9	문제에 직면하면 해결하기 위해 행동한다.	
10	결정한 것을 계획대로 실행한다.	
11	어떤 일도 중도에 포기하지 않고 끝까지 해낸다.	
12	평소 복수의 프로젝트에 관련해 있다.	
13	정기적으로 참가하는 (사외) 커뮤니티가 복수 있다.	
14	건강의식이 높고 정기적으로 운동하고 있다.	
15	생활의 질을 높이며 마음의 행복을 느끼는 친구가 있다.	

93 다나카 켄노스케. 프로티언. 2019

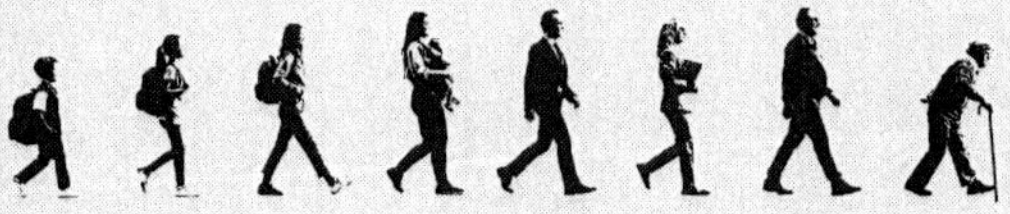

III. 전직지원 이야기

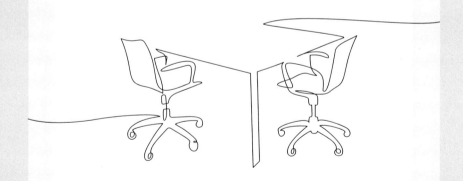

1. 퇴직이 두려울 때
사오정 vs '45세 정년제'

필자가 전직지원 강의를 할 때의 일입니다

여느 때처럼 강의 끝나고 돌아갈 채비를 하느라 부산하게 정리하고 있는데 몇몇 수강생들이 다가와 시간이 되시면 차나 한잔 하자고 다가왔습니다. 강의 중에 가끔씩 필자도 48세가 되는 해에 대기업을 나와 줄곧 이 일을 해오고 있다는 것을 소개하는 경우가 있는데 그럴 때 수강생들은 필자를 자신들과 같은 경험을 가졌다는 동질감에서 격의 없이 질문하거나 고충을 털어놓곤 했습니다.

휴게실에서 수강생들에게 둘러싸여 소위 명퇴선배(?)로서 조언을 해주는 자리를 가졌는데 놀랍게도 그들은 나이가 대부분 50이었습니다. 50이 넘은 고참들은 대부분 그만두어서 사내에 아예 50이 넘은 사람이 거의 없다고 합니다. 개중에는 40대 중반에 나온 사람도 있었지요. 당시 평균 퇴직연령이 53세(2015)였는데 요즘은 49.7세[94]라고 하니 늘어나기는 커녕 오히려 더 당겨지고 있는 것입니다.

〈직장에서 53세에 일어나는 일들〉[95]

- 일을 작게 만든다.
- 일의 의미를 없앤다.
- 자신이 흥미 없어 하는 일을 하도록 한다.
- 자신이 갖고 있는 능력과 다른 일을 부여한다.
- 사회적으로 중요하지 않은 의미 없는 일을 부여한다.
- 본인에게 있어 가치를 느끼지 못하는 일을 부여한다.
- 일에서 고립되게 한다.
- 다른 사람이 싫어하는 일을 부여한다.
- 격이 떨어지는 일을 의도적으로 부여한다.
- 본인이 희망하는 조직에 남으려고 하는 상황을 막는 방향으로 곤란한 장면에서의 지원: 자기자신의 새로운 역할에 대한 의미부여, 마인드 셋, 에너지 발휘, 능력활용에 대한 지원 등의 상황과는 다른 대응을 실천

아직 계약직으로 신분이 1년 남아 있는 사람도 있었고 한때 일

---

94 잡코리아 알바몬 조사, 2020
95 花田 光世, 중고령자의 커리어 개발 강의안, 2014. 3

본에서 유행하던 窓際族(마도기와족: 출세라인에서 벗어나 구조조정을 앞두고 있는 중고령 직장인들에게 실질적으로 일을 부여하지 않고 대기상태로 있는 사람들을 지칭하는 말)처럼 한직閑職에서 특별한 일없이 하루 종일 시간을 보내는 사람도 있었습니다.

개중에는 주재원으로 근무하다가 귀국하자마자 바로 퇴직한 사람도 있었습니다. 그를 보니 문득 필자가 주재원 생활을 끝내고 귀국했을 때가 생각이 났습니다. 귀국후 평소 잘 아는 선배가 "너 뭐하러 귀국했니? 그냥 눌러앉아 여행사나 차리지…" 하고 진심으로 물어보던 기억이 지금도 생생합니다. 주재원의 업무특성상 여행사와 거래가 많았고 일본 친구들도 한국에 놀러 가면 안내 부탁한다는 말을 자주 듣곤 했지만 다니던 직장을 그만두고 여행사를 차린다는 생각을 꿈에도 해본 적이 없던 필자로서는 그 선배의 질문은 엄청난 충격이었습니다.

그로부터 십여년 후 결국은 본의 아니게 직장을 나오게 되었지만 가끔 그때 선배 말대로 귀국하지 않고 여행사를 차렸다면 어땠을까 하는 생각을 하곤 합니다. 여행사를 차리지 못해 아쉽다는 이야기가 아니라 그저 앞뒤 보지 않고 열심히만 하면 회사가 끝까지 나를 돌보아 줄 것이라고 믿으며 혼자서만 회사를 끔찍하게 생각했던 당시의 필자가 한심해서 하는 이야기입니다.

이미 그런 근거 없는 회사와의 묵시적 계약, 즉 "당신이 회사를 위하여 열심히 일해준다면, 회사는 거기에 걸맞는 급여를 지불하고 안심과 복리를 제공하겠소"라는 심리적 계약은 IMF 이후로 이미 깨진지 오래입니다. 그럼에도 불구하고 거의 20년이 지난 지금에도 아무런 생각 없이 회사 일만 하다가 준비 없이 밀려난 그들을 보니 하나도 변한 게 없어 안타깝습니다.

회사는 "열심히 일한 당신 이제 그만 떠나라"라고 가차 없이 통고하는데도 불구하고 우리 직장인들은 여지껏 지켜지지도 않았고, 어디에 명시되어 있지도 않은 낡은 묵시적 계약만 믿고 자신만은 끝까지 근무할 수 있을 것처럼 일하다가 덜컥덜컥 떠밀려 나오는 것입니다. 아니 언제든지 내밀릴 것을 알고 있으면서도 생각조차 하고 싶지 않았다는 표현이 더 정확할지 모르겠습니다. 오십이란 나이는 대개 아이들이 고2, 고3인 경우가 많아 앞으로 돈들어 갈 날이 창창한데 덜컥 그만두게 되면 멘붕상태가 될 수밖에 없습니다.

나오는 순간부터는 노후 걱정이 아니라 당장 어떻게 살아야 할 것인가가 발등의 불이지요. 재산이라고 해야 지금 살고 있는 집 달랑 한 채에다가 높아진 교육비와 생활수준을 감안하면 매달 나오는 급여로는 남에게 아쉬운 소리하지 않고 한 달 벌어 한

달 사는 정도의 생활을 하다 보니 그리 큰 돈을 모으지는 못 했을거고 그렇다면 나머지는 퇴직위로금이 전부인 사람이 일반적입니다. 게다가 자녀들은 한창 공부하는 나이라 당장 나갈 돈은 많은데 꼬박꼬박 들어오던 급여가 들어오지 않으니 월말마다 푹푹 줄어드는 은행잔고를 바라볼 때는 심장이 팍팍 쪼그라드는 느낌이겠지요.

가지고 있는 현금자산으로는 얼마 안 가서 바닥이 나게 되니 결국 모아둔 자금을 허물어서 생활비를 대체하거나 부동산을 다운사이징해야하는 상황에 몰리게 됩니다. 그래서 다급하게 선택하는 길이 전직이나 재취업인데 임원평균연령이 50대 초반인 우리나라에서는 대기업에서 대기업으로의 전직이 어려우니 중소기업에 재취업할 수밖에 없습니다. 우리나라는 일본과 달라 중견기업이 거의 없어 대기업에서의 급여나 대우와 차이가 많을 수밖에 없는데다가 안정적인 정규직 일자리보다는 계약직, 프로젝트 등 비정규직 일자리가 대부분인 현실에서 하강하는 계단처럼 급전직하하는 대우나 생활을 감수해야 하는 상황에 처하게 됩니다. 그나마 공개채용시장에서는 오십 전후가 한계이지요.

그뿐인가요? 시스템에 의해 움직이던 대기업 출신의 경력이나 지식이 곧바로 중소기업에서 통할 리 없으니 자신이 대기업에서 쌓아왔던 실적이 아니라 해당기업에 무엇을 할 수 있는지, 무엇을 공헌할 수 있는지, 즉 내 밥값을 할 수 있는 능력을 어필해야 하는데 평생 齒車역할만 하던 대기업 출신에게는 만만치 않은 이야기입니다. 게다가 구조조정은 주로 같은 업종에서 동시에 일어나다 보니 원하든 원치 않든 업종 간 이동이나 직무가 바뀌는 것을 감수해야 하기도 합니다.

퇴직자의 고민은 여기서 그치지 않습니다. 어차피 취업해 봐야 몇 년 후면 또 나올 것 아니냐? 그러면 그때는 또 뭐할 거냐라는 질문에 막혀버립니다. 그렇다면 차라리 몇 년하고 나올 바에야 아예 오래할 수 있는 것을 새롭게 시작하는 것이 나을 것 같아 창업의 길로 들어서 보려 하지만 이미 포화시장이 되어 들어설 엄두가 나지 않습니다. 그 대안으로 새로운 분야도 알아보고 자격증 취득이나 때늦은 만학도의 길도 알아보려고 하지만 평소 뭐하면 좋을지 생각조차 해본 적이 없던 사람이 갑자기 이런저런 시도를 하려고 하니 제대로 될 턱이 없지요. 설사 찾았다 하더라도 그러면 그동안 가족은 뭘 먹고 살거냐 하는 경비 문제가 또다시 발목을 잡습니다. 그러다 보니 머리로만 생각만 하다가 아까운 시간만 허비하는 경우가 부지기수不知其數이지요. 한 마디로 산 넘어 산입니다.

재무설계의 생애주기에 있어 50대의 10년간은 특히 노후자금의 최후의 축적기간인데 이 시기에 가장의 실직은 노후준비는 커녕 가정생활을 위협하기까지 합니다. 기업의 경우는 구조조정, 코스트 압축 등으로 경영을 개선해 나갈 수 있지만, 가정의 유일한 방법은 소비억제, 맞벌이 외에는 방책이 없습니다.

　　길어지는 노후, 높아진 생활수준, 치솟기만 하는 교육비 및 만만치 않은 결혼자금 등 축적된 자금에 비해 턱 없이 부족하기만 한 50대 가정의 소비억제는 한계가 있기 마련이어서 결국 배우자가 직업전선에 뛰어들기도 합니다. 그러나 배우자 또한 오래 전에 일을 그만둔 관계로 딱히 경력이랄 것도 없어서 나이 많은 주부가 할 수 있는 일인 식당종업원, 대형마트 계산원, 가사도우미, 빌딩 청소원 등등 그나마 건강하다는 것을 전제로 쉽게 찾을 수 있는, 대신에 불안정한 일자리라도 감수해야 합니다. 그러다보니 오십에 나와 65세 연금지급시기까지 소득크레바스를 위한 재무설계가 성황입니다.

　　필자의 졸저『마흔 청년을 위한 희망설계 프로젝트』에서 "기업의 간판에 의존해서 '나는 어디 다니고 있는 사람이야' 하고 으스대는 사람일수록 자신의 정체성이 모호하고 그런 사람일수록 직장을 나왔을 때 급전직하를 경험하는 경우가 많다"고 했었는데.

18년이 지난 지금 그대로 써도 무방할 것 같습니다.

곰곰이 생각해 보십시요. 이제는 80년 노동의 시대입니다.

생애 한 직업이던 시대는 끝나고 몇 번이고 커리어를 이행해야 하는 시대입니다. 커리어 전문가들은 이미 20년 전에 생애에 걸쳐 5~7회 정도 큰 커리어의 변화를 겪는다고 예언해 왔음에도 불구하고 인생의 1/3기간만 일하고 나온 퇴직자들은 나머지 기간은 뭘 할지 생각조차 해 본 적이 없는 사람이 대부분입니다. 이제는 안전하고 복리후생이 충실한 일자리보다는 계약직이나 컨설팅 계약에 의한 임시적 일자리만 넘쳐납니다.

빈 일자리를 찾는 것보다는 일거리를 만들어 내는 시대입니다. 하나의 직업으로는 생계가 어려워 전기기술자가 부동산 중개도 하고 인테리어도 하는 포트폴리오 노동자가 넘쳐납니다. 패러다임이 바뀌고 있는 거지요. 전 생애에 걸쳐서 재훈련과 생애학습을 통해 끊임없이 새로운 스킬을 배워가면서 자신의 커리어 재창조 능력이 필요한 시대가 도래하였는데 과연 마흔 즈음의 직장인인 당신은 지금 그런 변화에 대비하기 위해 어떤 행동을 취하고 있습니까?

10년 후의 세상은 어떤 모습일까요? 만일 행동에 옮기지 않고 있다면 10년 후 아니 그보다 더 일찍 당신과 당신 가족은 어려움에 처할지 모릅니다.

시간이 얼마 남지 않았습니다.

"이제까진 80년을 살고 60세까지 일을 했다면, 앞으로는 100년을 살고 80년간 일을 해야 합니다. 과거 세대보다 훨씬 더 오랫동안 노동을 해야 한다는 거예요. 지금처럼 한 직장에서 계속 일하기보다는 일을 하다가 중간에 휴식하고 재충전한 뒤 다시 다른 일을 하는 패턴이 더 늘어날 겁니다. 80년 노동 시대엔 계속 학습해서 자기 발전을 하고, 재교육을 받고, 자기 자신에게 재투자하는 일이 필수적입니다."[96]

사오정이란 단어를 알고 있습니까? 사오정이란 '97년 금융위기(IMF사태) 이후 '평생 직장'이라는 신화가 깨지면서 생긴 45세 정년을 의미하는 신조어입니다. 2005년 2월 삼성경제연구소의 보고서 "고령화 저성장시대의 기업의 인적자원 관리방안"에서 사오정이 인용된 적이 있습니다.

---

96 린다 그래튼, 『일의 미래』의 저자, 런던비즈니스스쿨 교수, 위클리 비즈 2014.7.19

경희대 신동균 교수가 발표한 「베이비붐 세대의 근로생애사 연구」(2010)에 따르면 일생에서 가장 중요한 일터인 주직장에서 45세까지 근무한 확률이 1930~1950년생은 70~80%였으나 이후 급속히 하락세를 보여 1955년생부터 1957년생까지는 40%대로 내려앉았습니다. 베이비붐 세대의 맏형 격인 1958년생의 확률은 40%였습니다. 급기야 1959년생은 30%대 초반, 1960년생은 20% 대 초반으로 추락했습니다.

만일 당신이 올해 45세라고 한다면 국민연금 지급시기가 65세 부터이니 적어도 20년 이상 생활을 유지해야 하는데 앞으로 얼마나 근무할 수 있을 것으로 예상합니까? 만일 여의치 않다면 저축이 충분하지 않는 한 일을 계속하는 수밖에 없는데 당신은 당장 다른 직장에 재취업할 수 있습니까? 그리고 입사 후 지금까지 근무해온 기간만큼 20년 이상 지속할 수 있는 능력은 있습니까? 요즘은 75세까지 현역이라고 하는데 그렇다면 앞으로 30년 이상 무엇을 하면서 살아갈 것인가요!

만일 속시원한 대답이 나오지 않는다면 아예 판을 흔들어보는 것은 어떻겠습니까! 필자는 지금 일본에서 거론되고 있는 '40세 정년제'[97]를 스스로 채택하자는 것입니다. 일본은 입사 후 20년

---

97 40세 정년제: IT환경으로 상징되고 있는 지금과 같은 시대에는 기술의 진부화가 빠르기 때문에

기준으로 '40세 정년제'를 논했으니 우리나라는 입사 20년 후는 45세에 해당하므로 '45세 정년제'를 스스로 채택하자는 것이지요. 말 그대로 자기 구조조정Self-restructuring입니다.

45세를 아예 정년이라고 정해놓고 그전에 에너지 보급을 통해 다시 달릴 수 있는 힘을 보충하여 60세든 75세든 자신이 일할 수 있을 때까지 인생다모작으로 일하고자 하는 것이 '45세 정년'의 목적입니다.

그렇게 되면 일하고 배우는 것, 자신의 정체성은 물론 커뮤니티에 이르기까지 자신의 커리어 형성을 모두 회사에 일임하는 지금의 생활패턴에서 벗어나 자신의 커리어는 자신이 주도하는 생활로 의식을 근본적으로 바꾸는 계기가 될 것이라고 생각합니다.

45세에 반드시 퇴직하자는 의미는 절대로 아닙니다. 45세를 기점으로 그간의 경험을 살려 다른 기업으로 이직할 수도 있고

20대에 몸에 익힌 지식이나 스킬 만으로 향후 50년간 일을 지속할 수는 없을 것이다. 그러므로 20~40세, 40~60세, 60~75세 등 약 20년마다 새로운 지식과 기술을 연마하여 새로운 직장으로 이직하든 기존 직장에 계속 머무르든 자신의 고용가능성(Employability)를 유지할 수 있도록 하여 궁극적으로는 75세까지 일할 수 있는 사회를 만들기 위해서 나온 아이디어다. 이 보고서를 정리한 동경대학대학원 야나기가와 노리유키 교수는 두가지 방법을 제안하고 있다. 하나는 20년간 근무하면서 습득한 능력을 잘 활용할 수 있는 곳으로 회사를 옮기는 방법과 지금까지와는 전혀 다른 새로운 능력을 습득하기 위한 교육을 받도록 하여 언제든지 연령에 맞추어 일하는 방식이나 장소를 선택할 수 있도록 체제를 만드는 것이 중요하다고 역설한다.

새롭게 배워 전혀 다른 직종으로 옮길 수도 있으며, 아예 독립할 수도 있고 자신이 원한다면 기존에 다니던 직장에 다시 재고용 되었다는 생각으로 자신이 원하는 기간까지 계속 다닐 수도 있는 것입니다.

단 자신이 자립할 수 있도록 스스로 능력을 갖추어 기업에서 요구하는 인재가 되거나(고용가능성) 스스로 독립할 수 있는 능력을 갖추는 것이 전제조건임은 물론입니다.

사오정은 정리해고, 권고사직과 같은 자신의 인생을 회사에 맡기는 부정적인 이미지이지만 45세 정년제는 자신이 당사자가 되어 회사로부터 자유롭게 되는 긍정적인 이미지입니다.

사오정은 준비 없이 당하지만 45세 정년제는 타사로 이동이 가능한 고용가능성employability를 충분히 갖추고 맞습니다.

사오정은 회사를 위해 일하는 삶이지만 45세 정년은 자신의 미래를 위해 일하는 삶입니다.

사오정은 불확실성과 불안에 전전긍긍하지만 45세 정년은 구속 없이 자유로움을 만끽하는 삶입니다.

45세 정년을 마음에 두게 되면 그 때까지 무엇을 할 것인가 명확한 계획을 세울 수 있으며 구체적으로 실행에 옮겨 결과를 내는 것이 가능해지는 것입니다. 사오정으로 당하는 정년이 아니라 스스로 맞는 정년이 되기 위해 서바이블 전략을 세우는 것입니다.

당신이 40세라면 정년까지 남은 시간이 별로 없습니다. 35세라면 아직 10년 남았다고 생각할지 모르지만 기존의 경험과 전문성은 살리면서 새로운 직종에서 필요한 역량을 확보하는 준비는 재직하면서 준비할 수 밖에 없으므로 10년 전부터 준비해야 한다는 전문가의 말에 귀를 기울여야 합니다.

만일 당신이 지금 45세가 넘었다고 한다면 지금부터는 매년 회사와 재계약하고 일하는 계약직이라고 생각하는 겁니다.

회사가 나가라고 할 때까지 살아남는 것만이 상책인가요! 어떻게든 국민연금이 지급될 때까지 버티는 삶이 과연 당신이 추구해야 할 삶인가요! 인생의 후반부를 준비한 연금에 의존하면서 사는 삶이 행복한 삶인가요! 우리는 인생 100세 시대를 맞이하면서도 아직도 기존의 정년에 대한 고정관념에 갇혀서 여분의 인생으로서의 정년이후의 삶을 바라보는 것은 아닌지 곰곰이 생각해 보아야 합니다. 인간으로서 충실한 인생을 살아가기 위해서는 어떻게 살아가는 것이 자기답게 살아가는 것인지 자신만의 살아가는 방식, 일하는 방식을 통해 삶의 질을 높여갈 것인가 하는 것이 우선해야할 것입니다.

낡은 가치관이 무너지고 새로운 가치관의 싹이 트고 있는 시대입니다. 기존의 가치관과 정보에 의존하여 결정하지 말고 앞에 펼쳐지는 변화를 읽어가면서 생각하지도 않았던 새로운 가능성을 추구하는 것이 변화의 시대를 살아가는 지혜입니다.

45세 정년이라니 너무 빠르지 않은가 하는 사람도 있을 수 있겠습니다. 그러나 인생후반의 충실한 생활을 위한 커리어 전환은 빠르면 빠를수록 결실도 풍요로운 법입니다. 자신의 인생을 수세적으로 방어하지 말고 공세의 고삐를 늦추지 맙시다. 방어적으로 생각하는 순간 당신에게 미래에 대한 불안요인이 닥쳐 끝없는 걱정으로 치달릴 수 있음을 경계해야 할 것입니다. 수동적이 아니라 능동적으로 자기주도적으로 45세 정년후의 인생을 설계해 나갑시다. 65세 75세 이후에도 활약하는 다모작 인생은 당신의 45세에 결정된다고 해도 과언이 아닙니다.

2. 단독자가 되어라

전직지원에 관한 다양한 서비스가 제도적 차원에서 제공되는데도 불구하고 굳이 필자를 찾아 오는 후배들은 하나같이 공통점이 있었습니다. 이력서를 쓰고 일자리를 찾으려고 하는 것이 아니라 무슨 일을 해야 할지 몰라 고민하고 있다는 것입니다. 돈이 여유가 있어서 그런 것만은 아닙니다. 그렇다고 가만히 있으면서 성찰만 하는 것도 아니라 남보다 더 열심히 교육도 듣고 과정도 참가하고 어렵다는 자격도 취득하는 등 누구보다도 더 열성적으로 노력한 사람들입니다. 필자를 찾아오는 후배들은 대부분 재직 시 충실한 직장생활을 했던 성공경험을 갖고 있었던 것으로 기억합니다

Successful aging으로 잘 알려진 맥아더 재단 회장 존 로워John Rowe가 한 잡지의 기고문에서 "사람들은 자기 자신의 노년에 거의 전적으로 책임을 져야 하는 시대에 살고 있다"고 이야기한 적

이 있는데 후배들을 보니 더욱 그의 말에 공감이 갑니다. 후배들은 한마디로 주체적인 인생을 살고 싶어 하는 것입니다.

50대 이후에도 30년 이상을 새로운 시각으로 충실한 삶을 살아야 하는 현대인들은 새로운 인생을 위해 지금부터 '무엇을 하고, 어디에 가고, 하기 싫은 것은 무엇이고, 하고 싶은 것은 무엇인가, 무엇을 해야 하는가?' 하는 고민을 하게 된 것입니다. 즉 '아이덴티티'의 문제이지요. 일자리를 지원하는 전직지원서비스만으로 이런 욕구를 충족시키기에는 한계가 있습니다.

우연한 계기로 『가끔은 격하게 외로워야 한다』를 읽게 되었습니다. 갑자기 필자가 진행하는 연구회 세미나 제목으로 정해져서 독후감 발표는 아니지만 그 책을 중심으로 같이 커리어를 논의하는 발제자가 되어 어쩔 수 없이 구하여 읽은 것입니다. 저자 김정운 교수는 "고령사회의 근본 문제는 연금이 아니다 은퇴한 이들의 '아이덴티티'다. 자신의 사회적 존재를 확인할 방법을 상실한 이들에게 남겨진 30년은 불안 그 자체다. … 한국 남자들에게 번듯한 명함이 사라지는 것처럼 공포스러운 것은 없다 … 그들은 청소년 시기에 던졌던 '나는 누구인가?'의 질문을 다시 던지게 된다"고 하였습니다.

위기의식을 느끼고 새로운 인생을 찾는 사람들은 자신을 재정의해야 합니다. 그래야 무슨 일을 하든 자기책임하에 결단할 수 있기 때문이지요.

키에르케고르가 이야기한 단독자의 개념에서 힌트를 얻어봅시다.

"현대인은 자유와 주체성을 버리고 집단 속에 묻혀 자기를 잃어가는데 명함이란 바로 그 집단 속에서의 모습이다. 그러므로 집단의 반대편에 서는 단독자의 자질이 필요하다. 즉, 누구나 익숙한 지점에서 벗어나 단절의 시간을 가져야 한다. 단절의 시간은 결코 남을 배제하거나, 가까이하지 않으려고 애쓰는 상태가 아니라 자신의 세계에 침잠해서 자아를 확립한 후 다른 이들과도 유연한 관계를 맺고 감정을 자유롭게 교환할 수 있는 상태가 되기 위해 필요한 시간이다"[98]

김교수가 강조하는 외로움이 성찰의 시간이라는 것과 같은 맥락이지요. 김교수는 성찰에 있어서 삶의 게슈탈트를 바꾸어 보라고 강조합니다. 즉 삶의 맥락을 바꾸어 보라고는 것입니다. 사람, 장소, 관심 영역 등의 맥락을 바꾸는 게 중요한데 그 중 관심

---

98 키에르케고르. 단독자

을 바꾸는 것이 중요하다는 것입니다. 평생 몰두할 관심사를 만들고 그리고 학습을 통해 자신만의 콘텐츠를 만들라고 합니다. 결국 남들과 관계를 만들고 유지하는 것보다 고독 속에서 혼자의 시간을 즐기며 자기 실력을 충분히 만들어내는 것이 먼저라는 것이 그의 주장입니다.

"고독은 지혜의 최선의 유모乳母다."[99]

김 교수는 자신이 안정된 자리를 벗어나 화가로서의 인생을 시작할 수 있었던 것은 고독이라는 자신만의 시간(성찰)을 통해 자신을 재정의하고 지속적인 학습을 통해서 가능했다고 술회합니다.

하이데거가 염려Sorge를 통해 "나는 여기 왜 존재하는가?" 하는 질문과 불안에 사로 잡힐 때 "나는 이 세상에 던져져 있다. 여기서 벗어날 수 없다"는 피투성被投性, Geworfenbeit[100]을 느끼는데 이것이 계기가 되어 자신의 존재의 의미를 적극적으로 탐색하는 기회 또는 투기投企, Entwurf가 된다고 하였습니다. 커리어에서 이야

---

99 로런스 시테르네

100 피투성(被投性, Geworfenbeit) 독일 철학자 마르틴 하이데거가 도입한 개념이다. 하이데거는 인간 개인의 존재는 세상에 '던져짐(투)' '당한(피)' 것이라고 했다. 던져짐이란 현존재의 임의적이고 불가해한 성질로서, 과거와 현재를 연결시키는 무엇이다. (위키백과)

기하는 Crisis is good chance와 같은 맥락입니다.

이 글을 마치면서 인생의 전환기를 맞아 피투성被投性, Geworfenbeit을 느끼고 투기投企, Entwurf[101]의 계기가 되어 찾아오는 사람들에게 전직지원서비스는 어떤 것이 되어야 하는가 곰곰이 생각하다 보니 문득 미국경력개발협회장을 역임했던 서니 한센 교수의 말이 떠올랐습니다.

"교육이란 (필자에게 전직지원서비스란) 사람들을 사회적 맥락 속에서 자신을 발견하도록 해방시키는 것입니다. 여기서 해방은 20세기 브라질의 교육사상가 파울로 프레이리Paulo Freire의 '자신의 세계를 숙고하여 그것을 변화시키는 프로세스'라는 정의를 상기하세요".[102]

---

101 투기(投企, Entwurf): '꾀하다'의 뜻이며 '앞에 던지다'라는 자의(字義)도 살려 놓았다. 인간의 모든 행위는 '투기(投企)'이며, 인간은 우선 실존한다고 하는 실존주의의 근본명제도 인간이 미래를 향해 자기를 던진다는 것, 또한 이 투기를 의식한다는 것을 뜻하고 있다. (위키백과)
102 서니 한센, 前揭書

3. 커리어 상담에 대한 단상斷想

『팡세』1부 2편 「헛됨」에 나오는 문장을 소개합니다.

"우리는 너무나도 경솔하기에 우리의 것이 아닌 시간 속에서 방황하며 우리에게 주어진 유일한 시간에는 아랑곳도 하지 않는다. 또 우리는 너무나도 공허하기에 있지 않은 시간에 사로잡혀 현존하는 유일한 시간을 아무 생각 없이 피한다. 현재는 우리에게 상처를 주기 때문이다. … 우리는 거의 현재를 사용하지 않는다. 혹 생각한다면 미래를 사용하기 위한 빛을 그것에서 빌려오기 위해서일 뿐이다. 현재는 우리 목적이 아니다. 과거와 현재는 우리의 수단이고 단지 미래만이 우리의 목적이다. 따라서 우리는 사는 것이 아니라 살기를 바라고 있다. 그리고 항상 행복하려고 준비하고 있으니 결코 행복할 수 없다는 것은 불가피하다."[103]

---

103 파스칼, 팡세

갑자기 뜬금없이 『팡세』의 구절을 인용하는가 하는 분들이 계시겠습니다. 필자는 『팡세』에 나오는 '미래를 위해 현재를 헛되이 보내기 때문에 결코 행복할 수 없다'는 글을 보니 문득 직장에서 지금 하고 있는 일에 만족하지 못하고 다른 일을 생각하며 하루하루를 보내는 사람들이 떠올랐습니다.

현재 (하고 있는 일은) 우리에게 상처를 주기 때문입니다. 현재 (하고 있는 일은) 우리의 목적이 아니다. 미래(새로운 일)만이 우리 목적입니다.

이렇듯이 많은 직장인들이
"지금 하는 일에 보람을 느끼지 못한다."
"도대체 내가 왜 이 일을 해야만 하는가."
"가능하면 다른 일을 알아보고 싶다"
하는 이유로 전직이나 이직을 고려하곤 합니다.

실제로 이런 사유로 커리어 상담을 받는 사람들이 적지 않습니다. 그들의 공통점은 하나같이 '현재 하고 있는 일에 만족하지 못해 일에 몰두하지 못하면서 미래 새로운 일이나 새로운 부서로 옮기는 것을 기대하면서 힘들게 버티고 있다'는 점입니다.

그렇다면 이렇게 찾아오는 사람들에게 어떻게 조언해주는 것이 바람직할까요?

"어디로 옮기고 싶습니까?"

"그러면 먼저 과거 직무경험이나 성격유형을 알아봅시다"

하고 조언해야 할까요?

다음 질문에 대해 생각해 보기로 하지요

> 내담자: 실은 우리 아내와 최근 사이가 안좋아서….
>
> Q. 당신이 상담자라면 어떻게 대답하시겠습니까? (　)
>
> ① 예를 들어 어떤 일이신데요?
>
> ② 그거 참 힘드시겠군요.
>
> ③ 결혼해서 몇 년이나 되셨는데요?
>
> ④ 왜 잘 안되어 간다고 생각하십니까?

흔히 공감을 표시하는 ②를 답으로 하는 경우가 많습니다만, (특별히 어느 것이 맞고 어느 것은 틀렸다고 할 수는 없지만) 좀 더 자세한 상황을 알아보기 위해 탐구하기 위한 질문 ①을 적합한 질문이라고 『실업의 카운슬링』의 저자 히로카와 스스무広川 進 교수는 설명합니다.

일에 대한 상담도 마찬가지입니다. 현재의 일이 맞지 않는다고 찾아온 내담자에게 바로 다른 일이나 일자리를 알아보는 것이 능사가 아니라는 것입니다. 일에 대한 보람은 누구에게서 전달받는 것이 아니라 일을 하면서 본인이 스스로 연구하고 고민하면서 자신만의 일하는 방식을 찾아내는 과정에서 얻을 수 있기 때문입니다.

그러므로 지금 하는 일에 보람을 느끼지 못하거나 도대체 내가 왜 이 일을 해야만 하는가에 대해 의문을 갖고 있는 사람에게는 바로 내담자의 의향을 좇는 것 보다는 그 이유를 파악하는 데 초점을 두어야 합니다. 영업이 싫다, 커뮤니케이션이 약하다, 숫자에 시달리는 것이 싫다 등 문제를 정리해 가면서 현재 당면한 문제를 이해하고 해결하고 어떻게 하면 직무를 충실히 할 수 있는가에 내담자가 눈을 뜨도록 돕는 것이 중요합니다.

상담사례는 아니지만 필자의 경험을 소개합니다.

필자가 업종을 바꾸어 교육 및 마케팅 담당임원으로 전직을 했을 때의 일입니다. 낯선 환경에서 적응하기 어려웠던 시기에 매일매일의 일상이 힘들 때였습니다. 어떻게 해야 새로운 조직에 적응하고 또 성과를 낼 수 있을까 하고 궁리에 궁리를 하던 중 교육에 대한 니즈는 높으나 자료활용이나 교육기회가 부족한 것에 착안하게 되었습니다. 그 분야라면 누구보다도 자신이 있었습니다. 그래서 사내 인터넷에 필자의 자료방을 만들어 자료를 수시로 올려 전국적으로 누구나 공유하게 하고 또 전국을 다니면서 필자가 직접 특강을 했더니 전사에 변화의 조짐이 일어나기 시작했고 성과도 올려 사내 우수 사례로서 소개되기도 했습니다.

아울러 자신이 하고 있는 일에 대한 가치에 대해 새롭게 의미를 부여할 수도 있습니다. 필자가 일본에서 유명 컨설팅회사 주관의 전직세미나에 참가했을 때의 일입니다. 당시 필자는 커리어컨설턴트의 입장에서 일본 커리어컨설턴트와 같이 전직 준비 중인 참가자들의 상담 실습에 직접 참여했는데 생생한 상담현장을 경험하고 이해할 수 있는 귀중한 시간이었습니다. 그때 필자가 상담한 고객 중 병원장 비서 경력의 S씨가 있었습니다.

S씨는 병원장 비서 출신으로 전문직을 원하고 있는 터여서 비서직을 단순직이라고 생각한 나머지 전직을 이유로 병원을 그만둔 케이스입니다. 막연한 전문직의 개념으로 일을 찾다 보니 실업이 장기화되어 어려운 상황에 놓이자 상담을 원해 찾아오게 되었다고 합니다. 이때 필자와 같이 상담역할을 하던 커리어컨설턴트는 이렇게 어드바이스해 주었습니다.

전직지원 일보다 사람이 먼저다

"당신의 비전은 무엇인가? 병원장의 비서라면 현장의 상황을 병원장에게 가장 먼저 알릴 수 있는 자리가 아닌가? 현장의 상황을 잘 알고 병원 업무 전반에 대해 조언과 컨설팅이 가능한 자리인데 그게 왜 전문직이 아닌가? 컨설팅이 가능한 전문직을 고려하고 있다면 그만한 자리가 어디 있겠는가?"[104]

S씨는 그 조언에 충격을 받았습니다. 생각해보니 '병원장에 대해 컨설팅할 수 있는 우수한 비서직들이 얼마나 많은데…' 하며 그동안 자신은 비서직을 단지 뒷바라지에 불과한 잡일이라는 편견에 사로잡혀 결국에는 사표를 내버린 행동을 후회하였습니다. 단지 단순직이 싫고 전문직은 좋으니 전문직이 되면 모든 게 잘되리라고 생각한 것이 잘못이었다며, 자신이 찾던 전문직은 자신의 마음속에 있었다는 것을 지금이라도 알게 돼다행이라며 감사의 인사를 하고 자리에서 일어섰습니다.

이처럼 커리어 상담 (전직지원상담)은 내담자가 생동감 있게 보람을 갖고 일하면서 자신의 커리어를 개발하고 달성감과 충실감을 맛보면서 성과를 올리도록 지원하는 상담이 되어야 합니다.

---

104 시오카와 마사토, JMAM Change Consulting 대표

커리어 상담이 "어디로 옮기고 싶습니까?", "그러면 먼저 과거 직무경험이나 성격유형을 알아봅시다" 하고 조언하는 것처럼 선부른 해결 중심의 상담이 되지 않아야 하는 이유입니다.

"어쨌든 재취업은 해야 하잖아요."[105]

---

[105] 필자의 세미나에 참가한 재취업컨설턴트가 커리어 상담의 중요성에 대한 설명을 듣고 한 말.

4. 중장년을 위한 전직지원 상담

책방에 가면 "~하는 법"과 같은 流의 책이 지천에 널려있습니다.

아마 원본은 수십 권 분량이지만 한 책 안에 담아야 할 분량이 있다보니 페이지를 고려해서 그렇게 한 것 같기도 하고 한 가지 면 되는데 그러면 책이 너무 얇아서 일부러 부풀리느라고 그런지도 모르겠다는 생각을 하곤 합니다. 그러는 나도 머릿속에서 다음 책 제목을 구상하면서 저절로 "~하는 N가지 방법"이 어떤가 하는 생각이 떠오르는 것을 보면 나도 어느덧 그 제목에 익숙해진 것 같습니다.

아무튼 책 제목만 가지고 보면 다른 사람은 다들 간단하게 알고 있는 것을 나만 너무 모르고 살고 있는 것이 아닌가 하는 착각이 들 때가 많습니다.

미장원에서는 두피부터 말리라고 혼나고,

치과에 가면 양치질 너무 세게 한다고 혼나고,

텔레비전 켜면 짐승도 안 먹는 것을 먹어왔다고 혼나고,

잡지를 펴면 다이어트의 잘못된 습관에 대해 혼나고,

지하철에서는 왜 지금까지 밤을 직접 칼로 깎았냐고 핀잔을 듣는 일과 속에서 하루를 삽니다.

왜 열심히 산다고 하는데 늘 혼만 나야 하는가 하는 의문이 듭니다. 행복하게 살자는 방법인 줄은 알지만 왜 잔소리를 들어야 하는지….

요즈음 구직난이다 보니 구직과 관련한 잔소리(?)도 적지 않습니다. 언젠가 우연히 읽어 보게 된 중장년 구직기술 칼럼 중에서 소위 "~하는 법"이라 해서 올려있던 내용을 한번 인용해 봅니다

40~50대의 구직자들은 취업기관이 한정되어 있고 젊은 인력들을 선호하는 분위기라는 말로 처음부터 쓴소리를 들어야 합니다. 그렇지 않아도 주눅이 들어 있는데 군이 다시 확인시켜 주는 셈입니다. 심지어는 방송에까지 나와 실제로 취업자가 확인해줍니다.

"보세요. 여기도 저기도 40대가 넘으면 안 되잖아요?"

"저희들 나이는 잘 받아주지 않는 것 같아요."

방송에 나온 중장년 구직자의 넋두리입니다.

다음에는 심리적 안정을 유지하라고 합니다.

실업이 길어지면 의기소침해질 수 있으니 심리적으로 안정이 되어야 판단이 그르치지 않는다는 말일 것입니다. 물론 옳은 지적이고 백번 맞는 말입니다. 그런데 실직자의 심리가 그렇게 간단하지 않은 게 문제이지요.

퇴직자의 입장에서는 회사의 명함은 있는 그대로 그 사람의 아이덴티티였습니다. 자기 존재증명이나 다름없지요. 그런데 그게 한 순간에 없어지는 겁니다. 카우프만에 의하면 실업 기간 중 활동에 집중해야 하는 시기에 잘 안되면 정신적인 불안정을 맞아 절망감을 갖기 시작하며 취업활동에서 철수하기도 하는 경우가 많다고 보고하고 있습니다.

재취업을 위한 직업교육을 받으라는 충고도 합니다.

물론 옳은 이야기입니다. 취업이 잘되는 방향으로 선정해서 그에 필요한 직업교육을 통해 다른 분야로의 진출 모색하는 것은 아주 좋은 방법이지요. 그러나 일자리가 어렵다고 무조건 자신의 과거 경력이나 경험과는 무관한 분야로 직업능력개발을 한다는 것이 옳은 일인가는 생각해 보아야 합니다. 즉, 중고령의 실직자가 오랜 기간 체득했던 지혜나 경험, 그리고 다른 사람들과의 차별화된 그 사람만의 특성을 어떻게 하면 사회에서 필요로 하는 곳에 활용하는가 하는 커리어 서포트가 전제된 능력개발이 아닌 단순한 먹고 살기 위한 직업교육은 개개인을 황폐하게 하기 쉽습니다

더구나 일찌감치 눈높이를 낮추라고 하면 자칫 실업으로 상처받은 이들에게 다시 사회의 냉랭한 환경을 맛보게 하고 자격을 박탈하는 거지요. 오히려 젊은이들에게는 없는 그들만의 유능한 부분을 통해 자신감을 회복하고 또 사회적으로 그러한 능력을 활용할 수 있도록 새로운 희망을 불어주고 필요한 능력을 배울 수 있도록 하는 전직지원상담이 필요합니다.

정보력을 활용하라고 강조합니다.

인터넷 세상에서는 정보력이 중요합니다. 그러나 구직활동의 근원은 그 회사에 왜 내가 필요한지를 알리는 일이며, 특히 중장

년 구직활동의 핵심은 대면 활동이 기회를 만들어 냅니다. 거절을 걱정하거나 거절당하고 오더라도 그를 위해 격려와 더 이상 좌절하지 않도록 자신감을 북돋아 주는 케어가 인터넷에서 정보 찾기를 권하는 것만큼 중요합니다.

그렇게 소신과 용기를 가지고 오뚝이처럼 일어나 발로 뛰었던 구직활동이 성과를 올리는 사례를 필자가 만났던 수백 명의 중장년 내담자와의 전직지원상담에서 경험한 바 있습니다.

이렇게 심리적 안정을 거친 그들이 갖고 있는 지혜와 경험을 필요로 하는 곳에 쓰임으로써 업종 간에 일어나는 인력 수요의 불일치를 해소하고 이들을 채용하는 기업도 성장하고 개개인도 새로운 도전을 발전의 계기를 삼아 행복한 사회를 만드는 일이 바로 중장년의 실직, 전직자들을 케어하는 업에 종사하는 사람들의 사명이고 보람입니다.

중고령자들은 자기 혼자만 아니라 한 가정의 가장으로 책임질 일들이 아주 많습니다. 주변에 많은 영향을 끼칩니다. 게다가 우리나라를 선진국 대열에 올려놓은 경력과 열정을 갖춘 사람들인 만큼 실직이나 전직으로 인한 일시적인 심리적 Trauma로 인해 그들의 소중한 경험을 발휘할 기회를 잃게 한다는 것은 국가적으로나 사회적으로도 큰 손실이 아닐 수 없습니다. 그렇기 때문에 중장년 전직을 케어하는 전문가가 더욱 필요한 것입니다.

한 신문 칼럼으로 게재된 수술을 받고 퇴원한 중년 남성의 이야기가 가슴을 울립니다. 대기업의 중요 직책을 담당하는 그는 갑자기 입원하여 큰 수술을 받게 되었는데 다행히 완치되어 집으로 돌아 가는 기쁨 중에서도 '이 약한 육체를 가지고 앞으로 어떻게 살아야 하나?' 하는 두려움에 가득 차 있었다고 합니다. 그런데 그날 저녁 아내가 자신의 흉한 수술 부위를 만지며 "살아 줘서 고마워"라고 말을 하는 것을 듣고 열심히 재활 운동을 해서 지금의 정상적인 몸을 만드는 원동력이 됐다고 합니다.

그러면서 그는 지나고 보니 자신의 존재의 이유에 대한 평범한 말들이 큰 힘을 주었다고 했습니다. 남편으로, 아빠로, 자녀로, 친구로 인정해 주는 말! 뭐 하나 내세울 게 없지만 있는 그대로 받아 주며, 나를 인정해 주는 말들이 정말 나에게는 힘이 되었고 살아가는 힘이 되었다는 겁니다.

신문 칼럼의 사례처럼 주변에 실업을 걱정하거나 실직한 사람들에게 먼저 우리가 해야 할 일은, 그럼에도 불구하고 당신은 우리에게 소중한 존재라는 힘을 주는 말입니다. 그들은 명함만 없어진 것이지 그 명함 속의 그 사람 자체에 문제가 있는 것이 아니라면 시간은 걸리겠지만 극복할 수 있지 않겠습니까!

남편으로, 아빠로, 자녀로, 친구로 인정해 주는 말, 그리고 '당신은 할 수 있어'라는 자신감을 주는 말, 이런 긍정적인 말들이 그들로 하여금 실업을 새로운 도약을 위한 전환기로 생각하는 데 도움을 줄 것입니다.

어려운 시기에 실업이라는 전환기를 맞아 자신의 정체감을 회복하면서 다시 취업이라는 전선에 뛰어 들어야 하는 사람의 배우자이자, 동료, 친구, 자녀인 사람들, 그리고 우리 사회가 그들에게 줄 따뜻한 메시지가 절실합니다.

결론적으로 말하면 지금 실직한 중장년 재취업 희망자에게 절실하게 필요한 것은

진단이 아니라 Assessment이며

기술적인 컨설팅이 아니라 심리적인 상담이며

잔소리가 아니라 자신을 이해해 주는 말이며

머리가 아니라 가슴이 따뜻한 상담자입니다.

"고치려고 하지마라 이해하려고 하라"[106]

---

106 미야기 마리코, 카운슬링 마인드

5. 진단부터 하라고?

"도대체 내가 뭘 잘하는지 뭘 좋아하는지 모르겠다."[107]

이 말은 필자가 만난 사람들이 가장 많이 하는 말이기도 합니다. '당신이 잘 하는 일, 좋아하는 일을 하라'고 자기개발 강사들은 외치는데 자신은 '도대체 뭘 잘하는지 뭘 좋아하는지 뭘 하고 싶은지 잘 모르겠다'는 것입니다.

그래서 요즘 가장 많이 시도하는 게 자아성찰입니다. 전문가들은 자아성찰을 통해 자신에 대해 알아낸 다음 그에 따른 정교한 계획과 로드맵을 정해 실행하라고 합니다.

오랜 연구 끝에 나온 질문항목에 답하는 과정을 통해 자신의

---

107 허미니아 아이바라, Work Identity"의 서문,

관심분야, 성격유형, 재능이나 가치관 등을 파악하고 나서 그에 맞는 직업이나 일들을 찾아 목표로 설정하고 실행을 위한 체크리스트 등을 작성하는 순서로 진행됩니다.

아마 모든 커리어 프로그램이 이런 식으로 되어 있을 것입니다.

요즘은 한 걸음 더 나아가 그 정교함을 더욱 강화하는 추세이지요. 진단 결과로 나온 각각의 경력 목표에 대한 세세한 실행계획과 그것을 실현시킬 수 있는 전략적 서포트까지 감안한 두터운 실행 계획을 완성하고는 전문가도 만족하고 본인도 마찬가지로 뿌듯한 모습으로 워크숍을 마칩니다.

문제는 그 다음입니다. 자신이 진단에서 찾은 재능에 대해 확신을 하지 못하는 것입니다. 왜냐하면 자신이 좋아하는 것 잘하는 것이 무엇인지는 성찰이나 진단이 아니라 현실에서 끊임없이 다른 사람들과 부딪치고 다양한 환경 속에서 경험하고 실천하면서 서서히 알게 되는 것입니다. 강의장 안에서는 결코 경험해 볼 수 없는 것입니다.

경영학이 권위자 헨리 민츠버그는 '친숙하지 않은 새로운 가능성은 계획보다는 직접적인 접촉을 통하여 가능성을 확인하는 전략이 유효하다'고 하는 것도 그런 이유에서입니다.

우리 안에 있는 미처 깨닫지 못한 다양한 '나' 또는 '재능'은 세상에서 몸소 마주치고 겪어 볼 때 비로소 드러나는 것입니다. 그래야 자신이 재능에 대해 확신을 갖고 믿게 됩니다.

"자신의 아이덴티티 발견은 과거의 자신을 성찰하여 알게 되는 것이 아니라 복수의 가능한 자기Possible Selves을 발견하기 위해서 행동하고, 시험해 보고, 학습하는 과정을 통해 자신의 아이덴티티를 발견하는 것"[108]

자신이 누구인가를 알기 위해서는 현장에 뛰어들어 경험해 보아야 알 수 있는 법인데도 무언가를 선택하고 결정하는 것이 두려워 결정을 미루는 자신을 달래기 위해 오늘도 자아성찰 프로그램에 매달려 시도조차 하지 못하고 있다고 허미니아 아이바라 교수는 안타까워합니다.[109]

---

108 허미니아 아이바라, 前揭書
109 새로운 커리어를 발견하기 위한 9가지 전략
　① 행동하고 나서 생각하라. – 가만히 서서 자신을 아무리 돌아보아도 새로운 가능성은 열리지 않는다.
　② 자신의 참모습을 굳이 발견하려고 애쓰지 마라.– 장래의 자기 모습을 다수 생각해 내어 그 속에서 하나씩 시험해 보면서 어느 것이 맞는가에 초점을 맞춰라.
　③ 과도기를 받아들여라. –일관성 같은 것은 없어도 좋다.
　④ 작은 승리를 축적하라. –그것에 의해 인생이나 일에 대한 기본적인 판단기준이 변하게 된다.

『인생학교』의 저자 로먼 크루즈나릭도 100년 전 특성이론에 입각한 매칭이론에 입각하여 측정할 때마다 달라지는 진단에 매달리는 세태에 대해 쓴 소리를 합니다. 그는 오랫동안 먼저 계획하고 나중에 실천하라고 배워왔지만 직업 진로를 바꿀 때는 이런 기존의 접근 방식은 큰 실수라고 하면서 이 방법은 실행도 하기 전에 깊은 고민과 생각을 하게 만든다고 합니다.

생각이 아니라 먼저 행동해야 한다는 것, 즉 먼저 행동하고 나중에 고민하라고 합니다.

두렵지만 세상에 직접 발을 내딛어 실험해 봐야 한다고 하면서 책만 읽고 목수가 될 수 없듯이 실제 행동을 취하지 않고는 직업을 바꿀 수 없으니 실전경험을 쌓아야 한다고 그는 강조합니다.

인류학자들의 속설에 진정한 자아를 찾으려면 낯선 환경을 경

---

⑤ 우선 시험해 보아라. ─지금 일을 병행하면서 시험해 보는 것도 무방하다.
⑥ 인간관계를 바꿔라. ─ 일 이외에도 눈을 돌려 멘토나 커리어 전환에 도움을 줄 수 있는 사람들을 발굴하라.
⑦ 기회를 기다리지 마라. ─ 매일 일어나는 일들 속에서 지금 경험하고 있는 변화의 의미를 음미하라.
⑧ 거리를 두고 생각하라. 그렇다고 길게 끌어서는 안 된다.
⑨ 기회의 문을 잡아라. 변화는 급격히 시작한다. 호기를 놓치지 말아라.

(허미니아 아이바라, 前揭書)

험해야 한다고 합니다. 낯선 자극과 부딪치면서 당연하게 보였던 것들이 낯설게 보이고 미처 알아보지 못한 부분들이 눈에 들어오면서 객관적으로 설명할 수 있게 된다는 것입니다

필자의 경험에서 본 재능에 대한 견해를 소개합니다.

제가 입사할 때는 진단이라는 시스템이 아예 없었습니다. 따라서 뭘 잘하는지 사전에 알지 못했습니다. 처음부터 기획파트 일을 맡게 되었습니다. 처음 맡은 일이 향후 10개년 계획을 세우는 것이었지요. 한 달 걸려 완성하여 보고하였더니 이런저런 지적을 받으면서 몇 번이고 고치고 또 고쳐서 간신히 끝냈습니다. 그런데 신기한 것은 그렇게 힘들게 일했으면서도 또 그런 백지를 채우는 일이 떨어지면 가슴이 두근거리는 겁니다. 백지를 메꾸는 과정에서 희열이 느껴집니다.

한번은 인사부서에 배치받고 얼마 되지 않았을 때였습니다.

상사가 갑자기 퇴근 무렵에 불러서 갔더니 "내일 아침 임원회의에 인사원칙을 정리해서 보고하라는 지시가 내려왔으니 빨리완성해서 시간에 맞추어 제출하라"고 지시하는 것이 아닙니까. 물론 인사규정에 의해 시행하고는 있지만 그것이 어떤 원칙하에

실행하고 있느냐는 별개의 문제였습니다. 밤새 규정을 뒤지고 생각해 보고 하는 동안 어느 덧 해가 뜨기 시작했습니다.

그때 문득 '직종별', '사업장별', '입사년수별' 원칙을 정리하면 되겠구나 하는 Inspiration이 떠올랐습니다. 지금 생각해도 신기합니다. (만약에 아이디어가 떠오르지 않았으면 어찌할 뻔 했는가 하는 생각에 그 후로도 그때 생각만 하면 가슴을 쓸어내리곤 합니다) 그 다음에는 일사천리였습니다. 하고 있는 현상 원칙에 따라 정리하면 되었기 때문입니다. 현재 하고 있는 관행을 체계적으로 맥을 잇는 작업이 바로 기획이기 때문이지요.

결과적으로 무사히 회의 시간에 맞춰 복사본을 제출할 수 있었습니다. 인사원칙에 대해 큰 지적 없이 회의가 잘 끝났던 모양입니다. 상사로부터 '수고했다'는 말까지 들었으니 말입니다. (그 짧은 시간에 어떻게 만들었는가 하는 상사의 의문 어린 시선을 의식하면서..^^)

일본에 주재원으로 발령을 받아서는 조사업무가 주어졌습니다.

무작정 조사하지 않고 사전에 연구되었던 자료에 검토와 관련 논문 연구를 통해 기초 작업을 한 다음 직접 사람을 만나거나 현장에 가서 조사한 후 요약 정리하는 일을 7년간이나 되풀이 하였습니다. 그런데도 늘 그런 일이 즐거웠습니다. 수천 건이나 조사보고서를 올렸는데도 전혀 지치지가 않았습니다. 그러다 보니 조사에 대해서는 자신이 생겼습니다.

그러던 중 '일본 유수의 금융 그룹의 경영전략과 배울 점'을 A4 한 장에 요약해 다음 날까지 보고하라는 본사로부터의 지시가 왔습니다. 아예 사람 찾고 약속 잡고 뭐고 할 시간이 없었습니다. 할 수 없이 도서관에 가서 해당 그룹의 100년史를 빌려와서 무려 천 페이지에 이르는 사사社史를 하루 만에 모두 읽었습니다. 그리고 단 한 장으로 요약해서 다음 날 보고했습니다.

지금도 당시 같이 근무하던 동료들은 그때 이야기를 합니다. 어떻게 단 하루만에 그 많은 분량을 읽고 요약하여 보고할 수 있었는가 하고…. 필자를 생각하면 바로 그 사건이 떠오른답니다. 그 경험을 통해 필자는 아마 집중력이 높은가 보구나 하고 깨달았습니다. 재능의 발견인 셈입니다.

암튼 요즘도 필자의 일과는 조사와 요약입니다. 하루 종일 연구하고 조사하고 핵심을 요약합니다. 수십 년이나 했는데도 싫증이 나기는 커녕 마치 보물찾기 하듯이 매일 설레이는 일상입니다.

반대로 매니지먼트 파트에 배치 받으면 늘 말썽이 생겼습니다. 관리를 제대로 못한다고 시말서를 쓰기도 했습니다. 사람관리 잘못해서 헤매기 일쑤였지요. 가만히 보니 혼자 일할 때는 잘하다가도 다른 사람을 매니지먼트하거나 리더십을 발휘하는 일에는 필자는 전혀 맞지 않았습니다(전문직이 아직 자리잡고 있지 않은 시기라 어쩔 수 없이 승진하기 위해서는 더 많은 부하를 맡아야 했고 더 많은 어려움을 겪어야만 했습니다).[110]

필자가 지금까지 1인기업을 해왔던 이유는 다른 이유보다도 혼자서 일할 때 가장 성과가 좋았고 '혼자서 더 잘하는 재능'을 확인했기 때문입니다.

아무튼 필자는 주로 신규부서에 배치되어 가는 곳마다 모든 것을 새로 기획해야 하는 일이 떨어졌고 그때마다 일을 어찌어찌 마무리했고 그것이 결국 필자의 경력이 되었습니다.

수십 년이 흘러 지금 이 순간에도 변함없이 필자 앞에는 백지가 놓여있습니다. 상사가 지시해서 하는 것이 아니라 필자가 좋

---

110 그런데 자신의 재능에 맞지 않는 일도 해보는 것이 바람직하다. 왜냐하면 필자의 경우 사람을 관리하는 일은 적성에 안 맞았지만 그런 경험이 있어서 후에 다른 회사의 큰 보직을 맡아서 관리하는 데 큰 도움이 되었다. 필요 없는 경험이란 없는 것 같다.

아해서 하는 일이라는 것이 다르지만 백지에 글을 채워가는 일상은 수십년 동안 한 번도 바뀌지 않았습니다. 그런데도 필자는 이런 일상이 좋습니다.

장황하게 필자의 경험담을 늘어놓는 이유는 한마디로 필자의 재능은 진단지에서 찾은 것이 아니라 다양한 업무를 접하면서 시험해 보고 경험하면서 알게 되었고 끊임없이 학습하는 과정을 통해 갈고 닦았다는 것을 강조하고 싶었기 때문입니다.

"재능은 찾는 것이 아니라 발견하는 것이며 만들어 가는 것"이라는 말에 수긍이 갑니다.

다양한 시도와 학습을 통해 확인된 재능은 성공경험으로 연결되어 확신과 신뢰감으로 이어집니다. '재능이란 곧 자신이 무언가를 할 수 있다고 믿는 것'이라고 말한 존 레논의 말대로 재능은 자신의 인생경험 속에서 얻어야 자신감도 가질 수 있는 것입니다. 격변하는 시대를 항해하는 당신이 무기로 활용할 수 있는 재능은 그렇게 해서 탄생하는 것입니다.

"행동하고 나서 생각하라. 가만히 서서 자신을 아무리 돌아보아도 새로운 가능성은 열리지 않는다."

"자신의 참모습을 굳이 발견하려고 애쓰지 마라. 장래의 자기 모습을 다수 생각해, 그 속에서 하나씩 시험해 보면서 어느 것이 맞는가에 초점을 맞춰라."[111]

신문과 책, 방송에서 수시로 접하는 전문가들의 조언은 '진단부터 하라'는 것입니다. 그것을 통해 디자인 하고 로드맵을 만드는 계획을 우선한 후 실행하라는 것이죠. 그러나 허미니아 아이바라 교수의 말대로 필자는 진단 없이, 계획 없이 바로 현장에서의 시험을 거쳐서 행동을 통해 알게 되었고 그리고 학습을 통해 재능을 갈고 닦았습니다.

'계획-실행'이 아니라 '시험-학습'입니다.

다만 필자가 궁금해 하는 것은 "과연 강의장에서 자신의 재능을 찾은 사람들이 자신의 인생을 걸고 모든 것을 그 재능에 기초하여 계획을 세우고 실행에 옮길 것인가?" 하는 것입니다.

아이바라 교수의 지적대로 '자기성찰'이란 답답함을 해소하여 마음을 안정시켜주는 역할이야 할 수 있겠지만 그런 후에는 결

---

111 허미니아 아이바라, 前揭書

국 현상을 못 벗어나고 다시 원점으로 돌아가거나 또 다른 진단지를 찾아 수없이 자아성찰을 되풀이하지 않겠는가 하는 생각입니다.

> "자신의 가능성과 능력, 재능을 끊임없이 실현해가면서 사명(또는 천직)을 달성해서 개개인 스스로가 본성에 대한 완전한 지식과 수용을 통해 인격적으로 일치하고 통합해 나가는 것이 자기실현이다."[112]

인생이란 자기실현과정이라고 합니다. 그렇다면 필자는 위에서 말하는 머슬로우의 말대로 자아실현의 길을 걸어온 셈이 아닌가 싶습니다.

---

112 아브라함 H 머슬로우, 『완전한 인간』

전직지원 일보다 사람이 먼저다

6. 좌충우돌 전직수기
인생은 편도열차

"인생은 왕복차표를 발행하지 않는다. 일단 떠나면 다시는 돌아오지 못한다."[113]

직장인의 대다수는 50이 가까워지면 자신의 출세에 대한 한계가 보이면서 '내 인생 이대로 좋은가' 하는 생각이 든다고 합니다. 필자도 40 중반을 넘어서자 출세의 한계가 보이기 시작했습니다. 그리고는 50세 전에 두 번의 퇴직을 경험합니다. 첫 번째는 첫 직장에서 희망퇴직 경험이고 두 번째는 새 직장에서의 자발적 퇴직 경험이었습니다.

첫 직장에서 지점장 시절에 경험한 희망퇴직은 이미 예상한

---

113 R. 롤랑

바였습니다. 몇 번 임원 승진에서 누락되면서 사내에서 출세의 한계를 느끼고 있었던 참이었지요. 이윽고 희망퇴직 조건에 맞추어 신청했습니다.

"안 나오셔도 되는데요." (부하직원)

부하직원의 이 말에 정신이 번쩍 들었습니다. 당연히 마지막 날까지 나온다고 생각하다가 이 말을 들으니 이미 나는 이 회사에서 필요 없는 존재였음을 알게 된 거죠. 그래도 마지막 날까지 출근하여 사무실에서 취업을 위한 면접 공부를 했습니다.

퇴직하는 날은 지금도 잊지 못합니다. 부하직원들이 열어주는 송별회 자리는 씁쓸했습니다. 20년 이상 재직하면서 열성과 정성을 다한 직원을 위해 마련한 마지막 자리라고 하기에는 너무도 초라했습니다. 부하직원에게 나무로 만든 감사패(엉성하게 제작한 저렴이)를 전달받으며 '고작 이거 받으려고 갖가지 고생을 하면서 살아왔나…' 하는 감정이 차올라 가슴이 아파왔고 심장에서는 굵은 눈물이 뚝뚝 떨어지는 걸 느꼈습니다.

다행이도 퇴직 전에 두 군데 면접 시험을 보았는데 모두 합격해서 어디를 갈까 선배를 찾아 물어보기도 했습니다. 선배가 새로운 분야 경험을 추천한 것도 있고 먼저 출근할 수 있다는 점을

전직지원 일보다 사람이 먼저다

고려하여 당시로서는 신규업종인 아웃플레이스먼트 회사에 파트너 컨설턴트로 들어갔습니다. 40명 규모의 작은 외국계 기업이었으나 마켓셰어는 90%에 달하는 사실상 독점 기업이었습니다. 들어가자 마자 공기업 프로젝트 매니저로 임무를 부여받아 일하던 중 두 번째 합격한 회사에서 입사하라고 연락이 왔습니다.

연락을 받고 곰곰이 생각해 보니 아무래도 작은 회사에서 일하기보다는 익숙한 업종에서 임원을 하는 것이 낫겠다 싶어서 도중에 그만두고 상장기업으로 다시 옮겼습니다. 부임 후 방에 배달된 수십 개의 승진 축하 蘭은 신분의 변화를 실감하게 하였습니다. 결정 번복을 한 것이 잘했다고 생각했지요. 약간의 적응기간을 거쳐 맡은 분야에서 신규판매조직을 창설하는 등 나름대로 성과를 올리기도 했지만 그 후 피치 못할 일로 인해 이번에는 자발적으로 퇴직하게 되었습니다. 필자의 23년간의 대기업 근무 경험은 이렇게 마무리하게 되었습니다. 필자의 50세는 그렇게 맞이했습니다.

50이면 등산으로 치면 6부 능선입니다. 이대로 다시 업계로 돌아갈 것인가 (등산을 계속할 것인가) 아니면 새로운 분야로 전직할 것인가 (바다로 갈 것인가) 기로에 섰습니다. 필자가 그만둔 것을 알고 동종 업계에서 채용 면접을 보라는 연락이 왔지만 다시 그동안 했던 경험을 또 되풀이 하려고 하니까 마음에 내키지 않아 완곡히 거절하고 몇 달간 쉬면서 새로운 분야를 찾기로 했습니다.

23년간이나 익숙해 있던 직장생활을 그만두고 나니 하루 종일 집에 있는 일이 잦아졌습니다. 늘 출근하던 사람이 평일 체육복을 입고 뒷산을 배회하는 기분은 겪어본 사람이 아니면 모릅니다. 뭔가 하긴 해야겠는데 하면서도 막상 딱 할 만한 것이 보이지 않는 가운데 한두 달이 훌쩍 지나갔습니다.

"어떤 통장부터 허물까." (아내)

급여가 안 들어와서 가족이 걱정하는 것을 보니 "어이쿠 이래서는 안 되겠구나!" 하고 정신이 퍼뜩 들었습니다. 그러면서 든 생각이 "내가 세상에 내놓고 싶은 게 뭔가?" 하는 것이었습니다. 그때까지도 나는 그저 자녀들 교육이 끝날 때까지 일을 좀 더 할 수 있으면 된다는 단순한 생각으로 일을 찾았거든요.

그러나 직장생활의 끝자락으로서의 일을 찾는 것이 아니라 새로운 시작의 의미로 일을 찾는다고 생각하자마자 행동이 달라졌습니다. 단순히 취업만을 생각할 때는 어느 부서나 직무를 경험했는가 하는 등의 외적 커리어가 주요했지만, 앞으로 어떤 분야에서 새롭게 일을 해야 할 것인가를 고민하니 내가 잘 하고 좋아 했던 일, 중요하게 여기던 것, 성공했던 기억, 실패를 딛고 일어 났을 때의 성취감 등등 심리적인 측면의 내적 커리어가 더욱 중 요하였습니다.

이를 정리해 보니 신규 분야, 전문 분야에서의 연구, 자율 독립, 교육이나 상담 등이 내적 커리어의 키워드였습니다. 이처럼 내 가 잘하고 좋아하고 의미 있다고 생각하는 것을 중심으로 일을 찾으니 자신감이 불끈 솟았습니다. 커리어컨설턴트를 떠올린 것 도 그 즈음이었습니다. 앞으로도 필자와 같이 새로운 커리어를 찾아야 할 사람들이 많이 늘어날 것이니 그들에게 도움이 되는 일을 하면 좋겠다고 생각하였습니다.

〈필자의 내적 커리어〉

내적 커리어	현재 업무 특성
• 연구적 태도 • 독립자율/변화 • 교육 및 상담 • 창조적/조사 • 전문성 중시 • 신규분야 중시	〈연구〉 집필 / 논문작성 / 연구분석 / 강의안 집필 / 조사연구 〈교육〉 과정 개발 / 강의 및 상담 전문가 육성 〈분야〉 신규분야(라이프커리어, WLB) / 일본중시 / 전문성 위주 〈형태〉 독립(1인기업) / 자율(상사없음) / 일정 마음대로… 〈리스크〉 불안정 / 변화 극심
• 관리/경리 • 마케팅 • 대인관계	

강 → 아웃소싱
약 ← 제휴영업

그 때 마침 일본 오사카에서 커리어컨설턴트 양성과정이 진행된다는 소식을 접하고 바로 국제전화로 상담한 후 교육비를 그 날로 입금하고는 다음 날 오사카로 출국했습니다. 그리고 한 달간 주말마다 일본을 다니면서 과정을 마쳤습니다.

금요일 밤 비행기를 타고 동경에 가서 다음날 강의를 듣고 저녁 막 비행기로 돌아오는 식이었습니다. 그런 필자를 본 일본의 강사들은 ─ 아마 서울서 자신의 강의를 들으러 온다는 것만으로도 기분이 Up되어서 하는 이야기이겠지만 ─ "여러분은 (필자처럼) 커리어를 배우려고 비행기를 타고 날아올 수 있습니까?" 하고 이야기해서 사람을 머쓱하게 하곤 했습니다.

마침 컨설턴트 과정을 끝내고 나니 전에 근무했던 아웃플레이스먼트 회사에서 과거 경험했던 공기업 프로젝트 매니저로 다시 와달라고 연락이 왔습니다. 이번에는 정직원이 아닌 계약직 상무로 들어갔습니다. 경험을 쌓겠다고 생각한 이상 대우나 직책은 문제될 것이 없다고 생각했습니다. 그 후에도 시간이 남으면 항상 필요한 교육이나 자격 등은 수시로 듣고 경험을 쌓았지요. 그 후 또 한군데 더 외국계 기업 아웃플레이스먼트사에서 근무하면서 경험을 쌓은 후 프리랜서로 독립하여 지금에 이르게 되었습니다.

커리어 분야는 새로운 이론이 끊임없이 발표되는 분야여서 그 배움은 지금까지 이어지고 있습니다. 수시로 아마존에서 전문서를 구입하여 읽고 또 필자가 진행하는 연구회를 통해 관심사를 공유하기도 합니다. 그 덕인지 몰라도 처음에는 그토록 어렵던 책들이 조금씩 이해되는 것을 보니 신기하기까지 하더군요. 철학이 인간의 존재를 탐구하는 영역이니 그런 면에서 커리어도 비슷하다는 생각에서 시작한 '오늘의 명언'을 블로그에 연재하면서부터는 인문학과 커리어를 넘나드는 재미도 쏠쏠하였습니다.

김정운 교수가 박사학위보다 더 자랑스럽다는 전문대학 학위, 고독한 시간을 통해서 확보한 남들이 구매할만한 컨텐츠 생산기술, 먹고사는 일에 대한 자신감에는 언감생심이지만, 필자도 커리어, 은퇴, 생애설계 등을 새로운 관심분야로 정해 일하고 배우고 많은 사람들을 접하기도 해서 결과적으로 필자만의 컨텐츠를 확보할 수 있었습니다. 이를 바탕으로 인생의 이행기를 맞는 분들에게 자기 주도적인 경력개발을 통해 잠재력을 최대한 발휘하고 자아실현을 이룰 수 있도록 지원하는 일 (상담, 교육 전문가 양성, 정보제공, 커뮤니티 운영 및 출판)을 지속해올 수 있었습니다. 무하메드 알리가 "50세가 되어 20세와 같이 세상을 보는 남자는 30년간 인생을 헛살았다"고 하였는데 적어도 필자는 '지난 20년간 헛살았던 것은 아니구나' 하고 스스로를 위로하고 있습니다.

결국 필자는 50에 인생을 걸었습니다. 익숙한 업종에서 전혀 새로운 異업종으로의 전직은 용기가 필요했습니다. 월급쟁이로 급여를 받던 생활에서 신규분야로 전직한 후 다시 자신만의 브랜드로 전 책임을 지는 1인기업을 택한 것은 도박이라고도 할 수 있습니다. 그러나 도박은 잃게 되면 모든 돈을 잃지만 전직은 실패하더라도 절대로 무의미하지 않습니다. 생경한 분야에 발을 딛은 용기와 그 업무를 통해 배운 경험은 다음 일에 도움이 되기 때문입니다.

인생은 편도열차입니다. 왕복열차라면 다시 경험할 때는 이렇게 하리라 마음먹을 수 있지만 편도는 돌이킬 수 없습니다. 고생을 하더라도 같은 고생을 두 번 하지는 않는다고 생각하면 50세에 필자가 도전한 전직은 도전할 가치가 있었다고 생각합니다.

FINN.

에필로그
이른 여름의 80시간의 궤적

늦깎이 중년의 배움의 행각은 지금까지도 계속되고 있고 또 그로 인해 내가 존재하고 있는 듯합니다.

돌이켜 보면 최초의 CDA Career Development Advisor 양성과정을 시작으로 주말마다 비행기를 타는 일과는 첫 직장을 그만둔 후 줄곧 필자에게 있어 전매특허처럼 계속되었습니다. 처음 접한 6개월간에 걸친 일본 맨파워주관 CDA 과정을 시작으로 격주로 시행한 PREP 어드바이저 양성과정, 2달간에 걸친 BAA주관의 라이프디자인 어드바이저 양성과정, 그리고 단기 과정인 맨파워의 CDW 과정, 일본능률협회에서 대행하는 미국 CDT의 경력개발 워크숍, 일본커리어 카운슬링 협회의 CDW 워크숍 및 커리어 카운슬링 워크숍 참가 그리고 이번에 다녀온 일본 생산성 본부 주관의 2달간에 걸친 커리어컨설턴트 양성과정 등이 그것입니다.

이번 과정은 『커리어 카운슬링』 서적(미야기 마리코 지음)을 번역하고 나서 알게 된 저자가 주관하는 양성과정이라 서적의 번역에서 그치지 않고 실제로 저자를 통한 이론과 실습을 통해 참 지식을 몸에 체득하는 계기가 되었는데 커리어 상담을 국내에 보급한다는 필자의 사명으로 볼 때 당연한 수순이었습니다. 우연히 작년 BAA협회 주관의 라이프커리어 디자인 어드바이저 과정에서 저자와 인사도 나누었고 그 인연으로 올해 봄에 저자를 다시 만나 저자의 커리어 상담을 배우고 싶다고 해서 소개 받은 과정이기 때문에 연간 계획상에 이미 확보해 놓았던 일정이었습니다.

이미 수차례에 걸쳐 커리어 관련과정은 이수하였지만 이번 과정은 무엇보다도 저자의 직강은 물론 저자의 커리어 카운슬링의 실습을 경험하는 것이었습니다. 커리어 컨설팅 개론부터 시작하여 커리어 카운슬링 개론, 기초 기법, 커리어 카운슬링 이론, 롤 플레잉 실습(1, 2), 조직과 커리어 컨설팅, 조직에 있어서의 커리어 개발기법, 젊은 층을 위한 커리어 컨설팅, 커리어 관련 실무 지식, 멘탈헬스, 커리어 카운슬링 종합 실습 등 매주 토요일 또는 일요일마다 과정이 열려 2달에 걸쳐 이수하는 과정이었습니다. 이 중 반 정도가 저자가 직접 강의를 하고 실습을 하니 필자에게는 어떤 과정보다도 귀중한 가치 있는 과정이었습니다.

덕분에 금요일이나 토요일만 되면 짐을 끌고 김포공항으로 향하는 일상이 다시 시작되었습니다. 심지어는 부산에서 강의가 끝나자마자 김포로 가서 거기서 바로 하네다로 날아가는 날도 있었습니다. 어려운 점은 아침 9시 반부터 5시 반까지 수업인데 마지막 비행기가 7시 반이라 5시면 시부야에 있는 연수실에서 일어나 나와야 하는 점이었습니다. 중요한 수업을 30분이나 까먹는 안타까움이 많았고 미야기 선생의 실습 시간에는 더욱더 그런 점이 안타까웠습니다.

23명의 동기생들도 처음에는 단순히 번역가인 줄 알았다가 자신들과 같은 컨설턴트를 하고 있는 것을 알고는 격의 없이 대해주었습니다. 여러 업종, 여러 세대들과의 교류는 수업 이외에도 많은 것을 우리에게 알려줍니다. 특히 실습시간에 자기소개와 고민들을 서로 상담하는 자리에서는 연령과 업종을 넘고, 나라를 넘어 늘 우리가 갖는 고민들을 경험할 수 있었고 아직 잘 들리지 않는 부분이 없지는 않지만 일상적인 대화가 아닌 고뇌에 찬 상담은 색다른 일본어의 진수를 맛볼 수 있어 일본어를 이해하는데 좋은 경험이 되었습니다.

수많은 커리어 관련 과정 참가를 통해 익숙해져 있었음에도 특히 이번 연수과정이 뜻깊었던 것은 생애발달심리학과의 조우였습니다. 특히 사람은 살아 있는 한 발달과 진보를 지속하는 존재라고 하는 커리어 카운슬링의 저변에 흐르고 있는 인간관, 그리고 최근 미국의 커리어 카운슬링의 흐름을 생생하게 접하고 느낄 수 있었던 것은 큰 수확이었습니다. 미야기 교수가 지속적으로 강조한 생애육자生涯育自라는 단어도 연수기간 내내 내 마음을 흔들어 놓았고 자신에 찬 미야기 교수의 모습에서 커리어 카운슬링에 몸을 담은 자신의 결정에 찬사를 보내기도 했습니다.

저녁에 가끔씩 열리는 동료들과의 만찬은 또 하나의 연수 시간이었습니다. 늘 가깝게 대해주던 자칭 지한파의 다나카 이사, 후쿠시마에서 신칸센을 타고 와서 자고 가는 다카하시 씨, 자주 상담 실습 상대가 되어 친해졌던 디즈니랜드의 히로세 씨, 인상 깊은 상담 실습을 연출하여 화제가 된 칼피스의 사토 씨, 미야기 교수의 수제자라고 별명을 붙였던 커리어 우먼 고바야시 씨, 필기를 하도 잘해 사진까지 찍었던 쿠로카와 씨, 스마트하고 훌륭한 칼럼을 기고하여 나로 하여금 주눅들게 한 카와쿠보 씨, 늘 연장자로 여유 있고 충실한 삶을 우리에게 보여주던 무라이 씨 등 동료들과의 시간과 우정 또한 값진 수확이었습니다. 이제는 두터운 연수교재와 사진들로만 남은 80시간의 궤적은 필자에게 커리어 카운슬링의 존재를 더욱더 굳건히 심어준 귀중한 시간들이었습다.

전직지원 일보다 사람이 먼저다

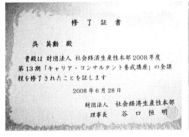

　또 필자에게 관심을 줄 만한 과정이 있으면 언제든지 비행기를 타리라고 생각하는 마음을 갖고 있는 한, 인생에 있어 어려움은 얼마든지 극복할 수 있으리라 봅니다. 생애발달심리학에서 '나의 능력을 최고로 발휘할 수 있는 힘은 이것이 내 인생에 있어 마지막이 될 것이라는 마음가짐'라고 강조하듯 필자는 오늘이 가장 어린 날이고 앞으로도 무한히 성장할 터이니 늘 자신의 성장한 모습에 경외로움을 갖는 일상이 계속될 것입니다.

　자신의 커리어에 고민하고 있는 많은 사람들이 1세기에 걸쳐 도도히 성장해온 커리어 카운슬링의 진수를 만끽할 수 있도록 쉽게 다가갈 수 있는 환경을 만드는 데에 지속적으로 정진할 것을 다짐해 보는 아침입니다.

2008. 7. 28.